RÉPONDEZ S'IL VOUS PLAÎT

R.S.V.P.

A BBC television course of thirty programmes for beginners in French

BOOK TWO Lessons 11–20

Illustrations
MARTINA SELWAY

Photographs
ANDRZEJ SLEZAK

Language Adviser and Dialogues
MAX BELLANCOURT, L.ès L.,
D.E.S., Chevalier de l'Ordre
des Palmes Académiques;
Lecturer: University of London
Extra-Mural Department

Course devised by
JOSEPH CREMONA, M.A., Ph.D.,
Fellow of Trinity Hall and
Lecturer in Romance Philology,
University of Cambridge

Production
SHEILA INNES

BRITISH BROADCASTING CORPORATION

CONTENTS

The photographs on the front and back covers and on pages 12, 20, 28, 36, 44, 51, 60, 69, 76 and 81 are by Andrzej Slezak, those on pages 8 and 55 are by Raymond de Seynes.

INTRODUCTION

RÉPONDEZ S'IL VOUS PLAÎT is a new course for beginners in French, which aims to combine entertaining viewing with effective learning. Each programme begins with a series of simple everyday situations which include conversational exchanges and information useful to anyone visiting France (or French-speaking Belgium and Switzerland); these are followed by an episode in a serial story set in the south of France, in a small town called Montmirail. Film shot on location adds authenticity to the 'thriller' story-line.

THIS BOOK is the second of a set of three and is accompanied by a long-playing record; both are designed to help you make the most of the television programmes. The book contains the basic dialogues for each programme, together with a list of the words and expressions used. The translations are confined to the meaning of words as they occur in the dialogues. Then there are explanations of the way they are used, and hints on how to pronounce them. The material for each programme is followed by sets of exercises carefully designed to help you acquire fluency in speaking the language. At the back of the book you will find a grammar summary and index and a glossary of all the words and expressions that appear in the book.

THE RECORD contains a selection of the exercises printed in the book. It is best to do these *after* the programme and *before* looking at the book: this will help to increase your fluency and to ensure accurate pronunciation; it will also help train your auditory memory, an essential factor in the language-learning process.

SO, TO GET THE MOST OUT OF THE COURSE, try to adopt the following pattern:
After the broadcast,
- *without looking at the book*, play the corresponding section of the record (there is one band for each lesson) and answer the questions or 'cues', having first listened carefully to the models spoken at the beginning of each sequence;
- *then* read the explanation sections and do all the exercises that follow;
- *then* read the dialogue of the programme;
- *then* watch the repeat of the programme.

If you can follow this routine week by week, you should find each successive lesson easier to master. If you have to miss a programme now and again, do not be afraid of getting left so far behind that you cannot follow: the book and record will help to bridge the gap. The course is not hard going. Our aim has not been to rush you through all the complexities of the language, but to enable you to understand the French you hear in ordinary, everyday situations, and then speak with confidence in a simple but effective way.

NOTES

- French nouns in the 'Words and Expressions' lists and in the Glossary are preceded by **le, la** or **l'**, as appropriate: these are not translated, as their English equivalent, when used, is always **the**.
- English translations in the 'Words and Expressions' lists, and in the Glossary, give only the meanings used in the dialogues and exercises.
- Exercises that have been selected for the accompanying long-playing record are marked with a ● in the book.

- THE EXERCISES. To do the exercises properly, cover the page with the masking card, or any piece of card, and move it down the page to reveal one line at a time. At the top of each sequence you will find one or more examples or models to show you how the exercise goes. After studying the models, read each question or 'cue' aloud, as it is revealed on the right-hand half of the page; then say the answer aloud, following the pattern of the models. As you move the card down the page, the correct answer will appear on the left, before the next question or 'cue'. Go through each sequence several times until the answers come automatically.

- THE PROGRAMMES. First Broadcast on BBC-1 from October 1969 to June 1970. The course re-broadcast on BBC-1 from October 1972 to May 1973, on Sundays at 9.30 a.m. beginning 1 October 1972, and repeated on the following Saturdays at 10.00 a.m.

  For full details see **Radio Times**.

11 Ça ne va pas

(The chemist is checking off items bought by a customer.)

La Pharmacienne . . . du sirop pour la gorge . . . (customer coughs) **En
effet, vous avez mal à la gorge! J'ai une amie, elle
habite tout près – rue Royale – elle aussi a mal à la
gorge.** (customer chokes) **Ce sirop est excellent pour
la gorge** . . . (picks up the last item) . . . **et des
comprimés d'aspirine.** (customer sneezes) **Attention!
Vous avez un rhume!** (giving bill) **Et voilà; si vous
voulez aller à la caisse . . .**
(Désiré Janvier comes in)
Ah! Monsieur Désiré!

Désiré Bonjour, Madame Gontard.

La Pharmacienne Vous n'êtes pas malade, j'espère . . .

Désiré Malade? Malade, non. Mais ça ne va pas très bien.

La Pharmacienne Allons . . . qu'est-ce que vous avez?

Désiré Je ne sais pas; mais ça va mal.

La Pharmacienne Voyons, vous avez mal quelque part?

Désiré Oui.

La Pharmacienne Où?

Désiré C'est bien simple. J'ai mal partout!

La Pharmacienne Allons, Monsieur Désiré, 'mal partout', vous exagérez.
Vous avez mal à la tête?

Désiré J'ai mal à la tête. Et j'ai mal aux bras et mal
aux jambes . . . J'ai surtout mal au bras droit et
à la jambe gauche. (he sneezes)

La Pharmacienne	Allons, Monsieur Désiré . . . vous avez un rhume!
Désiré	Un rhume? Alors, je suis malade!
La Pharmacienne	Ce n'est pas grave, un rhume. (testing him) Vous avez mal aux bras et aux jambes en ce moment?
Désiré	(reluctantly) Non, pas vraiment.
La Pharmacienne	Allons, allons, ce n'est pas grave. Vous êtes fatigué.
Désiré	Ça, oui; je suis fatigué. Ah! je pense sans arrêt aux vols.
La Pharmacienne	Vous pensez aux vols?
Désiré	Oui, à cette affaire du vol au château. Je pense aux cuillères, aux fourchettes de Madame la Marquise . . . C'est terrible!
La Pharmacienne	Monsieur Désiré, voilà un médicament pour vous.
Désiré	Un médicament? Je n'aime pas les médicaments. (nevertheless interested) Qu'est-ce que c'est?
La Pharmacienne	C'est un flacon de sirop.
Désiré	Du sirop?
La Pharmacienne	Un sirop excellent pour la fatigue. Voilà, Monsieur Désiré. Une cuillère à café maintenant, et ensuite une cuillère à café trois fois par jour. (handing bottle to him) Si vous voulez aller à la caisse . . .
Désiré	Bon, merci. Je vais à la caisse. (as he moves he bumps into Guy) Ah! Monsieur Lambert!
Guy	Monsieur Désiré! (they shake hands)
Désiré	Vous n'êtes pas malade, j'espère?
Guy	Oh . . . ce n'est pas grave.
Désiré	(curious) Qu'est-ce que vous avez?
Guy	Oh, j'ai mal au cœur . . . (holding his stomach) J'ai mal ici.
Désiré	(not to be outdone) Moi, ça va mal. J'ai mal à la tête et mal aux bras, surtout au bras droit.
La Pharmacienne	Et aux jambes, Monsieur Désiré.
Désiré	Oui, j'ai mal aux jambes, et j'ai un rhume.
Guy	(sympathetic) Oh . . .
	(Guy spots a small thin parcel near Désiré, marked Château de M . . ., the right size for cutlery.)
Désiré	Mais j'ai un sirop excellent. Une cuillère à café trois fois par jour et le rhume, pst! disparu! La fatigue, pst! disparue! Madame Gontard est une amie . . . et une pharmacienne excellente.
	(he goes)
La Pharmacienne	Ah, ce Monsieur Désiré!
Guy	Il est terrible! A propos, ça va mal au château. Je veux dire . . . les vols; ces cuillères, ces fourchettes . . . (he edges towards parcel)
La Pharmacienne	(changing the subject) Alors, vous avez mal au cœur, Monsieur?
Guy	Oui, j'ai mal ici. Et hier, au cinéma, tout à coup . . . hop! par terre.
La Pharmacienne	Vous avez de la température?
Guy	Non.
La Pharmacienne	Alors, voilà des comprimés. (Guy, unnoticed, picks up parcel) Un comprimé six fois par jour . . . Je vais

11

envelopper la boîte, si vous voulez aller à la caisse.

Guy Bon . . . je vais aller à la caisse.

La Pharmacienne C'est ça.

(While waiting to pay, Guy surreptitiously unwraps the parcel, revealing a tube of toothpaste.)

Guy Du dentifrice pour Madame la Marquise!

(In the château dining-room)

Désiré (sneezing) Ah . . . ! le sirop . . . (he drinks from bottle) Ah . . . ! Ça va mieux . . .

La Marquise (coming in) Alors, Désiré, comment allez-vous aujourd'hui?

Désiré Ça va . . . Ça va . . . Merci, Madame la Marquise.

La Marquise (disregarding his remark) Non, ça ne va pas. Vous êtes malade, Désiré.

Désiré (alarmed) Ah, oui? Vraiment?

La Marquise Désiré, vous êtes fatigué.

Désiré Ah, Madame, ces vols!

La Marquise Oui, cette affaire de vols . . . c'est terrible pour vous aussi. (a sudden decision) Désiré, le docteur, tout de suite! La fatigue, c'est grave.

Désiré Mais j'ai un médicament.

La Marquise Qu'est-ce que c'est?

Désiré Je ne sais pas.

La Marquise (reading label) Pharmacie Gontard . . . une cuillère à café trois fois par jour. (Désiré sneezes) Vite! Désiré! Je vais chercher une cuillère . . . (looking for a spoon, she moves to the showcase) Désiré! les cuillères . . . les fourchettes . . . les couteaux sont là!

Désiré (beaming) Ça va mieux!

WORDS AND EXPRESSIONS . . .

l'amie f	(female) friend	la fatigue	fatigue, tiredness
l'aspirine f	aspirin	le flacon	(small) bottle
le bras	arm	la gorge	throat
la caisse	cash-desk	la jambe	leg
le cinéma	cinema	le médicament	medicine
le cœur	heart	la pharmacienne	(female) chemist
le comprimé	tablet	le rhume	cold (in the head)
la cuillère à café	teaspoonful (lit. coffee spoon)	la rue	street
le dentifrice	toothpaste	le sirop	syrup, mixture
le docteur	doctor	la température	temperature
droit	right	grave	serious
fatigué	tired	malade	ill
gauche	left	terrible	terrible
aller	to go	exagérer	to exaggerate
aller chercher	to fetch	penser (à)	to think (of/about)
envelopper	to wrap up	je vais	I go/am going
espérer	to hope		

mal badly	**quelque part** somewhere/anywhere
mieux better	**tout à coup** suddenly
par terre on the ground	**vraiment** really

j'ai mal	I have a pain
j'ai mal à la tête/gorge	I have a headache/sore throat
j'ai mal au cœur	I have an upset stomach/I feel sick
je veux dire . . .	I mean . . .
ça ne va pas	things aren't too good/I'm not feeling too good
ça, oui!	you can be sure of that!
ça va mal	things aren't going very well/I'm not feeling at all well
Ah, ce Monsieur Désiré!	Ah, he's quite a one, that Monsieur Désiré!
comment allez-vous?	how are you?
qu'est-ce que vous avez?	what's the matter with you?
une/deux/trois fois par jour	once/twice/three times a day
vous exagérez!	surely not!/come off it!/ . . .

. . . COMMENTS . . .

The sign outside a chemist's shop in France is a green cross. It is normal in France to go to the chemist for the treatment of minor injuries and ailments. He will advise a patient to see a doctor if this is necessary. There is a red label category of drugs and medicines that require a doctor's prescription (**une ordonnance**).

The correct term for an aspirin tablet is **un comprimé d'aspirine,** and this is what you will see on the container. Nowadays you will often hear people ask for 'des **cachets d'aspirine',** although **cachet,** strictly speaking, is a form of capsule rather than a tablet; it is invariably white. A current expression to be heard on the beach, at the beginning of your holiday, is: **Vous êtes blanc comme un cachet d'aspirine.**

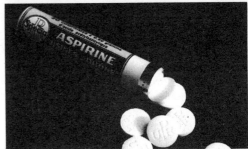

. . . HOW WE SAY THEM . . .

Note and remember the sound of eu in **neuf, heure** and **beurre**. This sound is found in most words that end in **eur** like **professeur, docteur, visiteur, moteur, couleur**. It is spelt **œu** in **cœur**. The sound of eu in **peu, peux, deux** is different: it is pronounced more closely, with the lips rounded and pushed forward. This sound is also in **pneu, mieux, serveuse, vendeuse** and **monsieur**.

. . . HOW WE USE THEM . . .

J'ai mal au bras droit. à la jambe gauche.	Note that **à** combines with **le** to form **au**, but not with **la** or **l'**.
Vous avez mal aux bras? jambes?	**à** combines with **les** to form **aux**.

Je voudrais aller à la poste.

Je vais au musée.
Vous n'allez pas à l'église?

Je vais envelopper la boîte.
Vous allez téléphoner tout de suite?

aller to go

je vais I go/am going
vous allez you go/are going

I'm going to wrap up the box.
Are you going to 'phone straightaway?

Note that the verb **aller** is used with the infinitive of another verb to refer to the immediate future.

Espérer: j'espère   il/elle espère   vous espérez   ils/elles espèrent.
Exagérer: j'exagère   il/elle exagère   vous exagérez   ils/elles exagèrent.

Note that **espérer** and **exagérer** (also **répéter** and **préférer**: see Book 1, page 35) change both spelling and pronunciation in the 'je', 'il/elle' and 'ils/elles' forms. The 'vous' form does not change.

J'ai mal à la tête.

J'ai mal à la gorge.

J'ai mal au bras.

J'ai mal au cœur.

I have a headache.

I have a sore throat.

I have a pain in my arm.

Note that, although **cœur** = heart, the meaning of this last sentence is: I have an upset stomach/I feel sick.

. . . AND NOW SOME PRACTICE!

●
Oui. Vous allez à la poste?
Oui. Vous allez au garage?

Oui. Vous allez à la poste?
Oui. Vous allez au garage?
Oui. Vous allez à la pharmacie?
Oui. Vous allez au musée?
Oui. Vous allez à la crypte?
Oui. Vous allez au château?
Oui. Vous allez à la réception?
Oui. Vous allez au salon?

La poste est par là?
Le garage est par là?

La poste est par là?
Le garage est par là?
La pharmacie est par là?
Le musée est par là?
La crypte est par là?
Le château est par là?
La réception est par là?
Le salon est par là?
Oui: je vais regarder le journal.

	Voilà le sirop.
Deux cuillères à café une fois par jour, n'est-ce pas ?	Voilà le sirop.
Deux cuillères à café deux fois par jour, n'est-ce pas ?	
	Voilà le sirop.
Deux cuillères à café une fois par jour, n'est-ce pas ?	Voilà le sirop.
Deux cuillères à café deux fois par jour, n'est-ce pas ?	Voilà le sirop.
Deux cuillères à café trois fois par jour, n'est-ce pas ?	Voilà le sirop.
Deux cuillères à café quatre fois par jour, n'est-ce pas ?	Voilà le sirop.
Deux cuillères à café cinq fois par jour, n'est-ce pas ?	Voilà le sirop.
Deux cuillères à café six fois par jour, n'est-ce pas ?	Voilà le sirop.
Deux cuillères à café sept fois par jour, n'est-ce pas ?	Voilà le sirop.
Deux cuillères à café huit fois par jour, n'est-ce pas ?	Ça va mieux ?

	Le numéro de la pharmacie.
Vous désirez téléphoner à la pharmacie, Monsieur ?	Le numéro de l'archéologue.
Vous désirez téléphoner à l'archéologue, Monsieur ?	
	Le numéro de la pharmacie.
Vous désirez téléphoner à la pharmacie, Monsieur ?	Le numéro de l'archéologue.
Vous désirez téléphoner à l'archéologue, Monsieur ?	Le numéro du docteur.
Vous désirez téléphoner au docteur, Monsieur ?	Le numéro de l'hôtel.
Vous désirez téléphoner à l'hôtel, Monsieur ?	Le numéro de la marquise.
Vous désirez téléphoner à la marquise, Monsieur ?	Le numéro de l'agence.
Vous désirez téléphoner à l'agence, Monsieur ?	Le numéro du maire.
Vous désirez téléphoner au maire, Monsieur ?	Le numéro de l'agent.
Vous désirez téléphoner à l'agent, Monsieur ?	Oui, c'est un ami . . .

●

	Où est l'appareil ?
Je vais le chercher tout de suite.	Où sont les billets ?
Je vais les chercher tout de suite.	
	Où est l'appareil ?
Je vais le chercher tout de suite.	Où sont les billets ?
Je vais les chercher tout de suite.	Où est la voiture ?
Je vais la chercher tout de suite.	Où sont les photos ?
Je vais les chercher tout de suite.	Où est le cendrier ?
Je vais le chercher tout de suite.	Où sont les timbres ?
Je vais les chercher tout de suite.	Où est la boîte ?
Je vais la chercher tout de suite.	Où sont les cachets d'aspirine ?
Je vais les chercher tout de suite.	Et un grand verre d'eau, s'il vous plaît.

●

	Vous voulez un timbre ?
Oui; pourquoi ? Vous avez des timbres ?	Vous voulez du whisky ?
Oui; pourquoi ? Vous avez du whisky ?	
	Vous voulez un timbre ?
Oui; pourquoi ? Vous avez des timbres ?	Vous voulez du whisky ?
Oui; pourquoi ? Vous avez du whisky ?	Vous voulez une carte ?
Oui; pourquoi ? Vous avez des cartes ?	Vous voulez de la bière ?
Oui; pourquoi ? Vous avez de la bière ?	Vous voulez un sandwich ?
Oui; pourquoi ? Vous avez des sandwichs ?	Vous voulez du saucisson ?
Oui; pourquoi ? Vous avez du saucisson ?	Vous voulez une pellicule ?
Oui; pourquoi ? Vous avez des pellicules ?	Vous voulez de la moutarde ?
Oui; pourquoi ? Vous avez de la moutarde ?	Oui, et de l'huile aussi.

Allons! Ne pensez pas toujours aux couteaux!
Allons! Ne pensez pas toujours aux appareils!

Allons! Ne pensez pas toujours aux couteaux!
Allons! Ne pensez pas toujours aux appareils!
Allons! Ne pensez pas toujours aux fourchettes!
Allons! Ne pensez pas toujours aux assiettes!
Allons! Ne pensez pas toujours aux sandwichs!
Allons! Ne pensez pas toujours aux apéritifs!
Allons! Ne pensez pas toujours aux glaces!
Allons! Ne pensez pas toujours aux antiquités!

Ah, Monsieur! Ces couteaux . . . !
Ah, Monsieur! Ces appareils . . . !

Ah, Monsieur! Ces couteaux . . . !
Ah, Monsieur! Ces appareils . . . !
Ah, Monsieur! Ces fourchettes . . . !
Ah, Monsieur! Ces assiettes . . . !
Ah, Monsieur! Ces sandwichs . . . !
Ah, Monsieur! Ces apéritifs . . . !
Ah, Monsieur! Ces glaces . . . !
Ah, Monsieur! Ces antiquités . . . !
Ah, Madame! Pourquoi pas?

Qu'est-ce qu'il y a dans ce sac?
Qu'est-ce qu'il y a dans cette boîte?

Qu'est-ce qu'il y a dans ce sac?
Qu'est-ce qu'il y a dans cette boîte?
Qu'est-ce qu'il y a dans ce placard?
Qu'est-ce qu'il y a dans cette armoire?
Qu'est-ce qu'il y a dans ce tiroir?
Qu'est-ce qu'il y a dans cette valise?
Qu'est-ce qu'il y a dans ce flacon?
Qu'est-ce qu'il y a dans cette armoire?

Ces sacs sont pleins.
Ces boîtes sont pleines.

Ces sacs sont pleins.
Ces boîtes sont pleines.
Ces placards sont pleins.
Ces armoires sont pleines.
Ces tiroirs sont pleins.
Ces valises sont pleines.
Ces flacons sont pleins.
Ces armoires sont pleines.
Des robes, des robes et des robes.

Non; j'ai aussi mal à la tête . . .
Non; j'ai aussi mal à la gorge . . .

Non; j'ai aussi mal à la tête . . .
Non; j'ai aussi mal à la gorge . . .
Non; j'ai aussi mal au bras droit . . .
Non; j'ai aussi mal au bras gauche . . .
Non; j'ai aussi mal à la jambe droite . . .
Non; j'ai aussi mal à la jambe gauche . . .
Non; j'ai aussi mal ici . . .
Non; j'ai aussi mal là . . .

Et la tête? Ça va?
Et la gorge? Ça va?

Et la tête? Ça va?
Et la gorge? Ça va?
Et le bras droit? Ça va?
Et le bras gauche? Ça va?
Et la jambe droite? Ça va?
Et la jambe gauche? Ça va?
Et ici? Ça va?
Et là? Ça va?
Mais alors, vous avez mal partout!

NOW YOU KNOW . . .

. . . how to say you are going somewhere
. . . how to say you are going to do something
. . . some of the things you can say and buy at
the chemist's

AU REVOIR! ET TRAVAILLEZ BIEN!

12 Quelle heure est-il?

(In his hotel room, Vautrin wakes up)

Vautrin (to himself) **Quelle heure est-il?** (reaches sleepily for his alarm-clock) **Où est mon réveil? Ah, le voilà . . . sous la table de nuit. Six heures! Six heures seulement.** (turning over to go back to sleep) **Chic! Il est tôt.**
(A radio is turned on in next room)

Le Speaker **Il est neuf heures et demie . . . Voici les informations . . .**

Vautrin **Neuf heures et demie? Mon Dieu! Ce n'est pas possible!** (picks up 'phone) **Allô . . . allô . . .!**

Monique (answering 'phone at reception) **Oui . . .?**

Vautrin **Mademoiselle, quelle heure est-il, s'il vous plaît?**

Monique **Neuf heures et demie, Monsieur.**

Vautrin **C'est terrible, mon réveil ne marche pas.**

Monique **Oh . . . neuf heures et demie . . . Vous êtes en vacances, voyons!**

Vautrin **Je voudrais mon petit déjeuner, Mademoiselle, s'il vous plaît.**

Monique **Mais oui, Monsieur. Vous voulez du café?**

Vautrin **Oui; mais aujourd'hui, du café au lait, s'il vous plaît.**

Monique (seeing chambermaid pass with breakfast trays) **Excusez-moi, Monsieur.** (to chambermaid) **Non! Les croissants sont pour la chambre trois, et les petits pains pour la chambre quatre. Et la confiture . . . chambre trois — un complet: café au lait, croissants, beurre et confiture. Bon, c'est**

ça! Alors, enfin! Ça va. (dismissing her)
Allez, allez! Vite! (to Vautrin) Excusez-
moi, Monsieur.

Vautrin   Je vous en prie, Mademoiselle.

Monique   Alors, aujourd'hui vous prenez du café au lait . . .

Vautrin   Oui, c'est ça! Aujourd'hui, je vais prendre des croissants, des petits pains et du beurre.

Monique   Vous voulez de la confiture?

Vautrin   Oui, c'est ça! De la confiture d'oranges, s'il vous plaît. (he puts down 'phone and tinkers with clock) Ah! Il marche! Ça y est, il marche! Voyons . . . quelle heure est-il? Sept heures . . . ? Il n'est pas sept heures. (church clock starts to strike) Deux, trois, quatre, cinq, six, sept, huit, neuf, dix. Dix heures! Vite! Dix heures! Allons bon, mon réveil ne marche pas! (picking up watch) Ma montre ne marche pas! (sips coffee) Oh! Mon café est froid! J'aime le café chaud, moi! (knock on door) Entrez!

Monique   Excusez-moi, Monsieur, un télégramme . . . (while trying to see what he's reading) et vous n'avez pas votre sucre.

Vautrin   (absently, as he reads) Ah, non . . .

Monique   La femme de chambre est terrible! Elle oublie tout.

Vautrin   Je n'aime pas le sucre. Merci, Mademoiselle. A propos, j'oublie les heures d'ouverture du musée.

Monique   Voyons . . . Je les oublie aussi . . . Je peux regarder votre dépliant?

Vautrin   Comment? Les heures d'ouverture sont là?

Monique   Oui, regardez . . . Aujourd'hui, le musée est fermé.

Vautrin   Ce n'est pas possible!

Monique   Oh, pardon! Aujourd'hui, le musée est ouvert de neuf heures à midi, et de deux heures à quatre heures.

Vautrin   Oh, mon Dieu! Il est déjà dix heures!

Monique   Vous allez au musée?

Vautrin   Oui, je voudrais y aller aujourd'hui. Je mange vite et j'y vais.

Monique   Alors, bon appétit!

(Later at reception)

Monique   (to chambermaid carrying parcel) Louise, posez ça là.

Vautrin   (running downstairs) Excusez-moi, Mademoiselle, quelle heure est-il, s'il vous plaît?

Monique   (looking at watch) Dix heures et demie.

Vautrin   Oh, mon Dieu! Il est tard. Votre montre marche bien?

Monique   Ma montre? C'est l'heure exacte, Monsieur. (as he makes for the door) Monsieur Vautrin . . . il y a des lettres pour vous! Voilà, Monsieur: deux lettres et une carte.

Vautrin   Merci, Mademoiselle. Tiens, cette enveloppe est ouverte! (he looks at her)

Monique   Vous allez au musée?

Vautrin   Oui, j'y vais.

(He moves off, Monique prepares to follow him)

(Later, on arrival at the museum, Monique discovers that the Head of Venus has disappeared; so has Vautrin.)

Monique   (to herself) C'est ça. Cet homme est le voleur. (she rushes

12

out into street)

(In the street, the mayor and Désiré are approaching the souvenir shop, carrying a box.)

Désiré	Ah, Monsieur le maire, mon frère est très content.
Le Maire	Moi aussi, Monsieur Désiré! Votre frère va fabriquer des copies excellentes de la tête.
Désiré	Ah, voilà le magasin de mon frère. Entrez, Monsieur le maire.
Monique	(catching up with them) Monsieur Désiré! Oh, Monsieur le maire. Monsieur Désiré ... la tête de Vénus ... (breathlessly) Et le voleur, c'est Vautrin!
Le Maire	Comment? Le voleur c'est Vautrin? Vautrin, qui est-ce?
Monique	Un client de mon hôtel. Mais, en ce moment, il est au musée, avec la tête!
Désiré	Mademoiselle Monique ... non ... (pointing to box) la tête est là.
Monique	Comment? Ça, c'est la tête?
Désiré	Oui, la voilà.
Monique	Mais ...
Le Maire	Monsieur Désiré va donner la tête à mon ami, Monsieur Sylvestre Janvier.
Désiré	Oui, mon frère emprunte la tête ... n'est-ce pas, Monsieur le maire? Il va fabriquer des copies en plâtre.
Monique	(understanding) Oh ...
Le Maire	Oui; je prête la tête à Monsieur Sylvestre. Ces copies d'antiquités, c'est excellent pour le commerce et pour le tourisme de Montmirail ... n'est-ce pas, Monsieur Désiré?
Désiré	(winking at the mayor) Oh, oui, Monsieur le maire. Excellent!

WORDS AND EXPRESSIONS ...

le café au lait	large white coffee (usually taken at breakfast)	le magasin	shop
		midi m	midday
la confiture	jam	la montre	watch
la confiture d'oranges	sweet marmalade	le petit déjeuner	(continental) breakfast
le croissant	croissant (crescent-shaped roll)	le (petit déjeuner) complet	full (continental) breakfast
le dépliant	leaflet	le petit pain	roll
l'enveloppe f	envelope	le réveil	alarm clock
la femme de chambre	chambermaid	le speaker	(male) announcer (on radio or TV)
l'heure d'ouverture f	time of opening	le sucre	sugar
les informations f pl	news (on radio, TV, or newspaper)	la table de nuit	bedside table
		le télégramme	telegram
le lait	milk		
ma, mon	my	votre	your
chaud	hot	froid	cold
exact exact, precise, right	fermé closed	ouvert	open

donner	to give	oublier	to forget
marcher	to work/go (of something mechanical)	prendre	to take/have
		prêter	to lend
déjà	already	tard	late
enfin!	at last!	tôt	early
rien	nothing	voici	here (it) is / (they) are
seulement	only	y	here/there

allez, allez!	get on with it!
allô, allô!	hello! (on 'phone only)
allons bon!	bother!
bon appétit!	lit. good appetite: an informal phrase used to wish someone a good meal
ça y est!	that's it!/there we are!
c'est l'heure exacte	that's the precise time
chic!	great!
comment?	what?/what do you mean?
excusez-moi!	please excuse me!
mon Dieu!	good Lord!
quelle heure est-il?	what's the time?
une/deux heure(s) et demie	half-past one/two

...COMMENTS...

A **petit déjeuner** normally consists of coffee with milk (**du café au lait**), together with one or two **croissants** or rolls (**des petits pains**). A petit déjeuner complet has in addition butter and jam (**du beurre et de la confiture**); marmalade is normally only supplied if asked for specifically (**de la confiture d'oranges**) and is commonly of the sweet variety.

...HOW WE SAY THEM...

The sound of **o** in **maillot** is pronounced with the lips closely rounded and pushed forward. This sound is also found in **photo, propos, sirop,** but it can also be spelt **ô** as in **tôt, au** as in **gauche,** or **eau** as in **bureau, château, beaucoup.** The sound of **o** in **alors** is more open. It is found in **porte, école, porter, or, trésor, robe, poste, photo, propos.** The same sound is also heard in **hôtel** and **au** revoir.

...HOW WE USE THEM...

Une femme / Deux femmes de chambre.

L'heure / Les heures d'ouverture.

La salle / Les salles de bains.

Le petit pain. / Les petits pains.

Une carte postale. / Deux cartes postales.

Note that when a compound noun is made up of two simple nouns, it is the first noun that carries the –s which marks the plural.

When a compound noun is made up of a noun and an adjective, then both elements carry an –s when used in the plural.

12

Où est mon petit déjeuner ?
réveil ?

Ma montre ne marche pas.
voiture

Mon assiette, s'il vous plaît.
La voilà, Monsieur.

Mon appareil ? Le voilà !
Mon adresse ? La voilà !

Voilà votre petit déjeuner.
montre.
appareil.
assiette.

mon – my – is used with masculine singular nouns.

ma – my – is used with feminine singular nouns.

But **mon,** not **ma,** is used before feminine singular nouns beginning with a vowel.

Liaison is made between **mon** and a following noun beginning with a vowel.

votre – your – is used before all masculine and feminine singular nouns.

Qu'est-ce que vous allez prendre ?

Je prends un petit pain.

Vous ne prenez pas de croissants ?

prendre to take/have

je prends I ('ll) take/have
am taking/having

vous prenez you ('ll) take/have
are taking/having

Qu'est-ce que vous prenez ?
Rien. Je ne prends rien.

Note that **ne** is needed when **rien** is used with a verb.

Vous allez au musée ?
Je voudrais y aller aujourd'hui.
Vous y allez maintenant ?
Oui, j'y vais maintenant.
Non, je n'y vais pas

y here/there often has no equivalent in English, where in French it is necessary. It is used to avoid repeating a noun. Note its position in these sentences.

Ma clef, s'il vous plaît.
Voilà votre clef, et voilà deux lettres pour vous.

Voici votre chambre, et voilà la salle de bains.

voilà here/there (it) is
(they) are
When it is required to distinguish between 'here' and 'there', then **voici** = here is/are and **voilà** = there is/are (see Book 1, page 14).

Quelle heure est-il ?

Il est midi et demi.
trente.

Il est une heure et demie.
trente.

Il est deux heures et demie.
trente.

Note these expressions. **Demi** is used with **midi** (which is masculine), **demie** with **heure(s)** (which is feminine).

. . . AND NOW SOME PRACTICE!

●

Mais ce n'est pas mon billet!
Mais ce n'est pas mon appareil!

Mais ce n'est pas mon billet!
Mais ce n'est pas mon appareil!
Mais ce n'est pas mon pull-over!
Mais ce n'est pas mon sac!
Mais ce n'est pas mon réveil!
Mais ce n'est pas mon hôtel!
Mais ce n'est pas mon pantalon!
Mais ce n'est pas mon maillot! *bathing suit*

Voilà le billet, Monsieur.
Voilà l'appareil, Madame.

Voilà le billet, Monsieur.
Voilà l'appareil, Madame.
Voilà le pull-over, Monsieur.
Voilà le sac, Madame.
Voilà le réveil, Monsieur.
Voilà l'hôtel, Madame.
Voilà le pantalon, Monsieur.
Voilà le maillot, Madame.
Comment? Ce n'est pas le maillot
   de Madame?

C'est un peu tôt . . . A sept heures!
C'est un peu tôt . . . A sept heures et demie!

C'est un peu tôt . . . A sept heures!
C'est un peu tôt . . . A sept heures et demie!
C'est un peu tôt . . . A huit heures!
C'est un peu tôt . . . A huit heures et demie!
C'est un peu tôt . . . A neuf heures!
C'est un peu tôt . . . A neuf heures et demie!
C'est un peu tôt . . . A dix heures!

Alors, à six heures et demie?
Alors, à sept heures?

Alors, à six heures et demie?
Alors, à sept heures?
Alors, à sept heures et demie?
Alors, à huit heures?
Alors, à huit heures et demie?
Alors, à neuf heures?
Alors, à neuf heures et demie?
Ce n'est pas un peu tard?

Enfin! Ma lettre . . . !
Enfin! Ma liste . . . !

Enfin! Ma lettre . . . !
Enfin! Ma liste . . . !
Enfin! Ma serviette . . . !
Enfin! Ma clef . . . !
Enfin! Ma montre . . . !
Enfin! Ma valise . . . !
Enfin! Ma voiture . . . !
Enfin! Ma caméra . . . !

C'est la lettre de Madame?
C'est la liste de Monsieur?

C'est la lettre de Madame?
C'est la liste de Monsieur?
C'est la serviette de Madame?
C'est la clef de Monsieur?
C'est la montre de Madame?
C'est la valise de Monsieur?
C'est la voiture de Madame?
C'est la caméra de Monsieur?
Vous voyez . . . !

12

Je le prends sans lait, merci.
Je le prends avec du sucre, merci.

Je le prends sans lait, merci.
Je le prends avec du sucre, merci.
Je le prends sans confiture, merci.
Je le prends avec des croissants, merci.
Je le prends sans sucre, merci.
Je le prends avec du lait, merci.
Je le prends sans croissants, merci.
Je le prends avec de la confiture, merci.

Vous le prenez avec du lait ?
Vous le prenez sans sucre ?

Vous le prenez avec du lait ?
Vous le prenez sans sucre ?
Vous le prenez avec de la confiture ?
Vous le prenez sans croissants ?
Vous le prenez avec du sucre ?
Vous le prenez sans lait ?
Vous le prenez avec des croissants ?
Vous le prenez sans confiture ?
Excusez-moi ! Voilà la confiture . . .

Non, mais je voudrais y entrer.
Non, mais je voudrais y aller.

Non, mais je voudrais y entrer.
Non, mais je voudrais y aller.
Non, mais je voudrais y habiter.
Non, mais je voudrais y manger.
Non, mais je voudrais y travailler.
Non, mais je voudrais y rester.
Non, mais je voudrais y entrer.
Non, mais je voudrais y aller.

Vous n'entrez pas dans l'église ?
Vous n'allez pas à l'amphithéâtre ?

Vous n'entrez pas dans l'église ?
Vous n'allez pas à l'amphithéâtre ?
Vous n'habitez pas à Montmirail ?
Vous ne mangez pas à l'hôtel ?
Vous ne travaillez pas à Paris ?
Vous ne restez pas ici ?
Vous n'entrez pas dans le café ?
Vous n'allez pas au château ?
Eh bien, venez avec moi !

Oui ; ma table. Où est-elle ?
Oui ; mon assiette. Où est-elle ?

Oui ; ma table. Où est-elle ?
Oui ; mon assiette. Où est-elle ?
Oui ; ma place. Où est-elle ?
Oui ; mon addition. Où est-elle ?
Oui ; ma chambre. Où est-elle ?
Oui ; mon enveloppe. Où est-elle ?
Oui ; ma fille. Où est-elle ?
Oui ; mon amie. Où est-elle ?

Vous cherchez votre table ?
Vous cherchez votre assiette ?

Vous cherchez votre table ?
Vous cherchez votre assiette ?
Vous cherchez votre place ?
Vous cherchez votre addition ?
Vous cherchez votre chambre ?
Vous cherchez votre enveloppe ?
Vous cherchez votre fille ?
Vous cherchez votre amie ?
Je ne sais pas . . .

12

Moi ? Je ne mange rien !
Moi ? Je ne regarde rien !

Moi ? Je ne mange rien !
Moi ? Je ne regarde rien !
Moi ? Je ne cherche rien !
Moi ? Je n'achète rien !
Moi ? Je n'essaie rien !
Moi ? Je ne demande rien !
Moi ? Je ne désire rien !
Moi ? Je ne regrette rien !

Qu'est-ce que vous mangez ?
Qu'est-ce que vous regardez ?

Qu'est-ce que vous mangez ?
Qu'est-ce que vous regardez ?
Qu'est-ce que vous cherchez ?
Qu'est-ce que vous achetez ?
Qu'est-ce que vous essayez ?
Qu'est-ce que vous demandez ?
Qu'est-ce que vous désirez ?
Qu'est-ce que vous regrettez ?
Vous plaisantez !

Non; il est chaud.
Non; elle est pleine.

Non; il est chaud.
Non; elle est pleine.
Non; il est fermé.
Non; elle est froide.
Non; il est petit.
Non; elle est ouverte.
Non; il est vide.
Non; elle est grande.

Ce lait n'est pas froid.
Cette armoire n'est pas vide.

Ce lait n'est pas froid.
Cette armoire n'est pas vide.
Ce café n'est pas ouvert.
Cette eau n'est pas chaude.
Ce magasin n'est pas grand.
Cette porte n'est pas fermée.
Ce verre n'est pas plein.
Cette place n'est pas petite.
Regardez ! Il y a cinq cafés !

Votre journal ? Le voilà !
Votre enveloppe ? La voilà !

Votre journal ? Le voilà !
Votre enveloppe ? La voilà !
Votre apéritif ? Le voilà !
Votre voiture ? La voilà !
Votre ami ? Le voilà !
Votre pellicule ? La voilà !
Votre film ? Le voilà !
Votre amie ? La voilà !

Mon journal est là ?
Mon enveloppe, s'il vous plaît.

Mon journal est là ?
Mon enveloppe, s'il vous plaît.
Mon apéritif, s'il vous plaît.
Ma voiture est là ?
Mon ami est là ?
Ma pellicule, s'il vous plaît. *Film*
Mon film, s'il vous plaît.
Mon amie est là ?
Mon Dieu, quelle heure est-il ?

NOW YOU KNOW . . .

. . . how to say it's half past the hour
. . . how to say something belongs to you, or
to the person you are speaking to
. . . how to order breakfast or simply say you
don't want anything !

AU REVOIR ! ET TRAVAILLEZ BIEN !

13 Vous avez un rendez-vous?

(At her hairdressing salon, Madame Suzy answers the telephone.)

Mme Suzy Allô, oui? Ici, le quinze à Montmirail. Ah! c'est vous, Mademoiselle Barré! Votre imperméable . . . ? Ah! il a une ceinture . . . Bon. Un instant, s'il vous plaît. (seeing raincoat on rail) Il y a un imperméable, là-bas. C'est peut-être le vôtre. Je vais regarder. (goes to coat-hangers, there are two raincoats) Oui, j'ai deux imperméables; il y a le mien, et le vôtre, je suppose: il a une ceinture, et les manches ont des boutons, trois boutons. Ah . . . et la ceinture a des boutons aussi. Mais oui, Mademoiselle. Au revoir, Mademoiselle. (rings off and looks at engagement book) C'est bizarre! Mademoiselle Mauget a un rendez-vous à trois heures moins le quart. (looks at clock on wall; it is 3.12) Il est presque trois heures et quart . . . et elle n'est pas là. Où est-ce qu'elle est? Elle est très en retard. Il y a peut-être une erreur. (calls hairdresser) Octave! (Monique comes in, quite relaxed) Non, Octave; ça va.

Monique Bonjour, Madame Suzy.

13

Mme Suzy	Bonjour, Mademoiselle Mauget . . .
Monique	Je suis en avance . . . excusez-moi.
Mme Suzy	En avance ? Mais, Mademoiselle, il est exactement trois heures et quart . . .
Monique	Oui. Mon rendez-vous est à trois heures et quart.
Mme Suzy	(reads book) Mademoiselle Mauget: trois heures moins le quart.
Monique	Non ! Ce n'est pas possible ! Excusez-moi !
Mme Suzy	Je vous en prie.
Monique	Je n'aime pas arriver en retard.
Mme Suzy	Ça ne fait rien, Mademoiselle. Asseyez-vous. Alors, qu'est-ce que vous voulez comme coiffure, Mademoiselle ? (smoothing hair) Ils sont un peu longs, n'est-ce pas ?
Monique	Oui, vous avez raison. Je les voudrais un peu plus courts; je voudrais une coupe au rasoir et une mise en plis.
Mme Suzy	(looks through magazine) Est-ce que vous voulez une coiffure comme ça ?
Monique	Je ne sais pas . . . La mienne est très simple. J'aime être à mon aise. La vôtre est très bien.
Mme Suzy	La mienne ? Mais elle est très simple aussi.
Monique	Oui, c'est vrai . . . je préfère une coiffure assez simple.
Mme Suzy	Bon. Et . . . une mèche sur l'œil ?
Monique	Oui, très bien, une mèche sur l'œil; et si vous voulez me les rafraîchir.
Mme Suzy	Très bien !
Monique	A propos . . . je voudrais du rouge à lèvres.
Mme Suzy	(fetching lipstick card) Oui . . .
Monique	(pointing out her favourite shade) Ah, voilà le mien.
Mme Suzy	Je ne sais pas . . . Il est très clair . . .
Monique	Oui, peut-être . . . Ah, voilà le vôtre !
Mme Suzy	Oui, c'est le mien: le mien est foncé. Il va très bien avec une robe comme ça.
Monique	Oui, je préfère le vôtre. Alors un rouge à lèvres comme ça.
Mme Suzy	Maintenant, le shampooing. Pour cheveux gras ou pour cheveux secs ?
Monique	(hesitates) Heu . . .
Mme Suzy	(feels hair) Vous avez les cheveux secs, comme moi.
Monique	Oui, vous avez raison; ils sont secs.
Mme Suzy	Essayez ce shampooing pour cheveux secs. (starts running water) Oh ! c'est trop froid. Allons bon ! (turns tap) maintenant, c'est trop chaud . . . Ah ! maintenant, ça va.

(In men's section, Guy takes a seat)

Guy	(to barber) Si vous voulez me les rafraîchir seulement. (A young man comes in)
Alain	Bonjour, Monsieur. Une coupe de cheveux, s'il vous plaît. (as barber ushers him in, Alain nudges Guy by mistake) Excusez-moi, Monsieur.
Guy	Je vous en prie.
Alain	Alain Laforge – je suis journaliste.
Guy	(unenthusiastic) Enchanté. Guy Lambert. (A sinister-looking man is waiting to be attended to.)

13

Alain	Vous habitez à Montmirail?
Guy	Pardon?
Alain	Est-ce que vous habitez à Montmirail?
Guy	Oui et non.
Alain	Où est-ce que vous travaillez . . . ? Ici?
Guy	Heu . . . je suis en vacances.
Alain	En vacances! Ah . . . !
Guy	Vous travaillez pour un journal de Paris?
Alain	Oui, pour le . . . (Guy's barber has stumbled against Guy's briefcase; he removes it to seat next to sinister stranger) Alors, et ce mystère?
Guy	C'est vraiment bizarre! (shows him newspaper with story of returned missing objects)
Alain	Ce n'est pas possible!
Guy	Regardez: la marquise a ses cuillères et ses fourchettes . . . le curé a son plat.
Alain	(to barber) Vite! Vite! Je vais téléphoner à mon journal. (he laughs) Ils vont trouver ça marrant à Paris! (In mirror, Guy sees sinister stranger leaning on Guy's briefcase. Man realises and quickly moves) Ça va, merci. (As he prepares to go, Alain picks up Guy's briefcase)
Guy	Pardon! C'est la mienne.
Alain	Mais non, ce n'est pas la vôtre. C'est ma serviette!
Guy	Votre serviette? C'est la mienne!
Alain	(realises mistake) Oh! Pardon! Vous avez raison. C'est la vôtre. Excusez-moi. (As Guy and Alain leave, they meet Monique; Alain manoeuvres to be introduced)
Guy	(to Monique) Je vous présente . . . heu . . .
Alain	(stepping in) Alain Laforge.
Guy	(to Alain) Mademoiselle Mauget.
Alain	Enchanté, Mademoiselle.
Monique	Echantée, Monsieur. (Still aware of sinister stranger, Guy turns to him)
Guy	(challengingly) Vous avez un rendez-vous?

WORDS AND EXPRESSIONS . . .

le bouton	button	l'imperméable m	raincoat
la ceinture	belt	le journaliste	journalist
le cheveu; pl les cheveux	hair (of head)	la manche	sleeve
		la mise en plis	set (referring to hair)
le coiffeur	(male) hairdresser	l'œil m; pl les yeux	eye
la coiffeuse	(female) hairdresser		
la coiffure	hair-style	le rendez-vous	appointment
la coupe	cut (of hair/clothes)	le rouge à lèvres	lipstick
la coupe au rasoir	razor cut (of hair)	la serviette	briefcase
l'erreur f	mistake	le shampooing	shampoo
la mienne le mien	mine	la/le vôtre	yours

13

clair	light (of colour)		long; f longue	long
court	short		marrant	(colloquial) funny, a scream
enchanté	delighted			
foncé	dark (of colour)		sec; f sèche	dry
gras	greasy		simple	simple
il/elle a	he/she/it has		il/elle va	he/she/it goes
être	to be		ils/elles vont	they go
ils/elles ont	they have			

quinze fifteen

assez	enough		exactement	exactly
comme	like/as		là-bas	down/over there
en avance	early		presque	nearly/almost
en retard	late		trop	too (much/many)

à mon/votre aise	comfortable
avoir raison	to be right
ça ne fait rien	it doesn't matter
ce n'est pas possible!	it can't be true!
deux/trois heures et quart	a quarter past two/three
deux/trois heures moins le quart	a quarter to two/three
enchanté!	glad to meet you!
est-ce que vous voulez . . . ?	would you like . . . ?
et ce mystère?	what about this mystery?
mince!	. . . ! a mild expression of annoyance
si vous voulez me les rafraîchir	a trim, please
un instant, s'il vous plaît	one moment, please
une mèche sur l'œil	a lock of hair over the eye

. . . COMMENTS . . .

Note that when meeting people for the first time, it is slightly less formal to precede the appropriate **Monsieur!, Madame!** or **Mademoiselle!** by **enchanté** if one is a man, or **enchantée** if one is a woman. It is also possible to use **enchanté(e)** on its own, but this is rather casual.

. . . HOW WE SAY THEM . . .

Note that the sound of **u** in **rue** is quite different from the sound of **ou** in **roue**. To produce the sound of **u** in **rue**, make the sound of English 'ee'; go on doing this, but round the lips as if about to whistle. This sound is found in:

    du   **minute**   **bureau**   **pull-over**   **sur**   **mur**

Note that the end of **shampooing** rhymes with French **loin**.

. . . HOW WE USE THEM . . .

Un œil.
Deux yeux.
Le cheveu.
Pour les cheveux.

Note the plural form of **œil** and **cheveu**, and that **les cheveux** has the collective sense of 'hair of the head'.

---

un vin sec, une gorge sèche.
un plat gras, une assiette grasse.
un pantalon long, une robe longue.

Note the feminine form of these adjectives.

13

C'est mon billet?
       appareil?

Non, c'est le mien.

Le mien replaces any masculine noun used with **mon**.

C'est ma place?
     mon assiette?

Non, c'est la mienne.

La mienne replaces any feminine noun used with **ma** or **mon**.

C'est votre billet?
          appareil?
          place?
          assiette?

Non, c'est le vôtre.
              la vôtre.

Le vôtre replaces masculine nouns used with **votre**.
La vôtre replaces feminine nouns used with **votre**.

Quelle heure est-il?

Il est midi et quart.
            quinze.

Il est midi moins le quart.

Il est une heure et quart.
                quinze.

Il est une heure moins le quart.

Il est deux heures et quart.
                 quinze.

Il est deux heures moins le quart.

Note these expressions.

Il est midi moins le quart.
   Il est tôt. Je suis en avance.
Il est midi et quart.
   Il est tard. Je suis en retard.

It's early. I'm early.

It's late. I'm late.

Note that there are two ways of expressing earliness and lateness, one referring to time and one to people.

Il est là?
Vous habitez à Montmirail?

The simplest way of formulating a question in French is to put a question mark at the end of a statement.

Est-ce qu'il est là?
Est-ce que vous habitez à Montmirail?

These same questions can also be prefaced by the expression **est-ce que** which is a little less casual and, of course, takes a little longer to say.

Où est-ce que vous allez?
                  habitez?

Combien de timbres est-ce que vous voulez?
                                achetez?

Pourquoi est-ce que vous montez?
                    travaillez?

Est-ce que is used in questions introduced by question words such as **où?**, **combien de?** or **pourquoi?**. It is then placed immediately before the verb.

Il va très bien avec une robe comme ça.
Ils vont trouver ça marrant à Paris!

Note the **il/elle** and **ils/elles** forms of **aller**.

. . . AND NOW SOME PRACTICE!

●
Vous voulez le mien ?
Vous voulez la mienne ?

Vous voulez le mien ?
Vous voulez la mienne ?
Vous voulez le mien ?
Vous voulez la mienne ?
Vous voulez le mien ?
Vous voulez la mienne ?
Vous voulez le mien ?
Vous voulez la mienne ?

Je n'ai pas de dentifrice.
Je n'ai pas de serviette.

Je n'ai pas de dentifrice.
Je n'ai pas de serviette.
Je n'ai pas de peigne.
Je n'ai pas de montre.
Je n'ai pas de réveil.
Je n'ai pas de chaise.
Je n'ai pas de couteau.
Je n'ai pas de voiture.
Elle a une roue de secours ? *spare wheel*

●
Oui, merci.
Et vous, vous ne prenez rien ?

Oui, merci.
Et vous, vous ne prenez rien ?
Oui, merci.
Et vous, vous ne prenez rien ?
Oui, merci.
Et vous, vous ne prenez rien ?
Oui, merci.
Et vous, vous ne prenez rien ?

Vous prenez un vermouth ?
Garçon ! Un vermouth !

Vous prenez un vermouth ?
Garçon ! Un vermouth !
Vous prenez un sandwich ?
Garçon ! Un sandwich !
Vous prenez un café ?
Garçon ! Un café !
Vous prenez un cognac ?
Garçon ! Un cognac !
Pas tout de suite . . .

Il est trois heures et quart !
Il est trois heures et demie !

Il est trois heures et quart !
Il est trois heures et demie !
Il est quatre heures moins le quart !
Il est quatre heures !
Il est quatre heures et quart !
Il est quatre heures et demie !
Il est cinq heures moins le quart !

Il est déjà trois heures ?
Il est déjà trois heures et quart ?

Il est déjà trois heures ?
Il est déjà trois heures et quart ?
Il est déjà trois heures et demie ?
Il est déjà quatre heures moins le quart ?
Il est déjà quatre heures ?
Il est déjà quatre heures et quart ?
Il est déjà quatre heures et demie ?
Je vais être en retard !

13

Je préfère le mien.
Je préfère le vôtre.

Je préfère le mien.
Je préfère le vôtre.
Je préfère le mien.
Je préfère le vôtre.
Je préfère le mien.
Je préfère le vôtre.
Je préfère le mien.
Je préfère le vôtre.

Vous aimez ce pull-over?
Vous aimez cet appareil?

Vous aimez ce pull-over?
Vous aimez cet appareil?
Vous aimez ce pantalon?
Vous aimez cet imperméable?
Vous aimez ce foulard?
Vous aimez cet hôtel?
Vous aimez ce rouge à lèvres?
Vous aimez cet apéritif?
N'est-ce pas?

Oui; il a le guide.
Ah, non! Il n'a pas le plan.

Oui; il a le guide.
Ah, non! Il n'a pas le plan.
Oui; elle a la lettre.
Ah, non! Elle n'a pas l'adresse.
Oui; il a l'enveloppe.
Ah, non! Il n'a pas le timbre.
Oui; elle a le livre.
Ah, non! Elle n'a pas le disque.

Est-ce que Guy a le guide?
Et le plan?

Est-ce que Guy a le guide?
Et le plan?
Est-ce que Monique a la lettre?
Et l'adresse?
Est-ce que Guy a l'enveloppe?
Et le timbre?
Est-ce que Monique a le livre?
Et le disque?
Quel dommage!

Non; il est vraiment trop foncé.
Non; elle est vraiment trop petite.

Non; il est vraiment trop foncé.
Non; elle est vraiment trop petite.
Non; il est vraiment trop court.
Non; elle est vraiment trop claire.
Non; il est vraiment trop difficile.
Non; elle est vraiment trop longue.
Non; il est vraiment trop grand.
Non; elle est vraiment trop foncée.

Ce rouge à lèvres n'est pas assez clair?
Cette valise n'est pas assez grande?

Ce rouge à lèvres n'est pas assez clair?
Cette valise n'est pas assez grande?
Ce pantalon n'est pas assez long?
Cette couleur n'est pas assez foncée?
Ce livre n'est pas assez facile?
Cette robe n'est pas assez courte?
Ce flacon n'est pas assez petit?
Cette paire n'est pas assez claire?
Ça ne va pas, aujourd'hui!

13

Où est-ce que vous allez ?
Où est-ce que vous habitez ?

Je vais à Montmirail.
J'habite à l'hôtel.

Où est-ce que vous allez ?
Où est-ce que vous habitez ?
Où est-ce que vous travaillez ?
Où est-ce que vous mangez ?
Où est-ce que vous allez ?
Où est-ce que vous cherchez ?
Où est-ce que vous commencez ?
Où est-ce que vous montez ?

Je vais à Montmirail.
J'habite à l'hôtel.
Je travaille à Paris.
Je mange au café.
Je vais à l'église.
Je cherche par terre.
Je commence là.
Je monte dans ma chambre.
Dans ma chambre: je suis fatigué.

Allez la chercher tout de suite.
Allez le chercher tout de suite.

Mince ! Je n'ai pas la clef !
Mince ! Je n'ai pas le plan !

Allez la chercher tout de suite.
Allez le chercher tout de suite.
Allez le chercher tout de suite.
Allez les chercher tout de suite.
Allez les chercher tout de suite.
Allez les chercher tout de suite.
Allez la chercher tout de suite.
Allez les chercher tout de suite.

Mince ! Je n'ai pas la clef !
Mince ! Je n'ai pas le plan !
Mince ! Je n'ai pas le guide !
Mince ! Je n'ai pas les assiettes !
Mince ! Je n'ai pas les croissants !
Mince ! Je n'ai pas les serviettes !
Mince ! Je n'ai pas l'enveloppe !
Mince ! Je n'ai pas les billets !
Où est-ce qu'ils sont ?

Vous allez être en avance !
Vous allez être en retard !

Il est midi moins le quart . . .
Il est midi et quart . . .

Vous allez être en avance !
Vous allez être en retard !
Vous allez être en avance !
Vous allez être en retard !
Vous allez être en avance !
Vous allez être en retard !
Vous allez être en avance !
Vous allez être en retard !

Il est midi moins le quart . . .
Il est midi et quart . . .
Il est deux heures moins le quart . . .
Il est deux heures et quart . . .
Il est six heures moins le quart . . .
Il est six heures et quart . . .
Il est dix heures moins le quart . . .
Il est dix heures et quart . . .
Ça ne fait rien !

NOW YOU KNOW . . .

. . . how to get a haircut or a trim, or have
a shampoo and set
. . . how to say a quarter to or a quarter past,
or that you're early or late
. . . how to be inquisitive in French

AU REVOIR! ET TRAVAILLEZ BIEN!

14 Une table pour deux

(In the restaurant foyer, Monique has been waiting some time for Guy.)

Monique	(to herself) Il est huit heures moins cinq, mais où est Guy?
Le Garçon	Est-ce que vous attendez quelqu'un, Mademoiselle?
Monique	Oui . . . j'attends un ami. (produces cigarettes) Est-ce que vous avez du feu? (explaining) Si vous avez des allumettes . . . je n'ai pas les miennes.
Le Garçon	Oui, oui; j'en ai. (opens box) Ah, non! Excusez-moi. Je vais en chercher.
Monique	(spotting a book of matches) Non, ça va; merci. J'en ai une. (drops cigarettes)
Le Garçon	(picking them up) Vos cigarettes . . .
Monique	Ah! mes cigarettes . . . merci.
Le Garçon	Votre ami est très en retard.
Monique	Une demi-heure.
Le Garçon	Une demi-heure! Mais c'est terrible!
Monique	(defending Guy) Mais, d'habitude, il est en avance.
Le Garçon	Excusez-moi, Mademoiselle. (he moves off)
Monique	Qu'est-ce que je vais faire? Il est huit heures cinq. (she gets up to go; drops her gloves)
Alain	(walking in) Mademoiselle Mauget! Qu'est-ce que vous faites ici?
Monique	J'attends.
Alain	(picks up gloves) Vos gants, Mademoiselle.
Monique	(preoccupied) Ah, mes gants . . .

Alain	Ce sont bien les vôtres ?
Monique	Oui, ce sont les miens.
Alain	Vous attendez quelqu'un ?
Monique	Oui, j'attends Monsieur Lambert. Mais il n'est pas vraiment en retard. Il a du travail; il a toujours du travail !
Alain	Mais . . . il est en vacances !
Monique	Oui et non. (changing subject) Est-ce que vous avez du feu . . . ? Un briquet ou des allumettes ? Je n'en ai pas.
Alain	Un briquet, oui; j'en ai un. Voilà.
Monique	(offering cigarettes) Vous en voulez une ?
Alain	Non, merci. Prenez quelque chose avec moi.
Monique	Non, merci. Vous êtes très aimable.
Alain	Vous avez une robe magnifique, Mademoiselle.
Monique	Merci.
Alain	Et votre coiffure . . . ! Vos cheveux . . . !
Monique	Et vous, qu'est-ce que vous faites ici ?
Alain	Comme vous, j'attends. Je vais manger ici. Alors, qu'est-ce que vous prenez ?
Monique	(looking at watch) Huit heures dix. (to Alain) Je vais prendre un whisky.
Alain	Très bien! (calls) Garçon! Deux whiskys, s'il vous plaît. Alors, Mademoiselle, vous habitez à Montmirail ?
Monique	Oui.
Alain	Est-ce que vous pouvez aider un pauvre journaliste ? Je suis journaliste, et je voudrais trouver le voleur.
Monique	Moi aussi, Monsieur, je voudrais le trouver!
	(Guy comes in. Monique goes on chatting with Alain.)
Alain	Alors, vous êtes d'accord ?
Monique	Je ne sais pas . . . mais . . . Eh bien, oui, peut-être . . . (suddenly decides to notice Guy) Ah! vous voilà! (casually cheerful) A votre santé !
Alain	Qu'est-ce que vous prenez, Monsieur Lambert ?
Guy	Rien, merci. (to Monique) Excusez-moi, Monique, je suis très en retard . . . j'ai . . .
Monique	Je vous en prie! Monsieur Laforge est très aimable, et . . .
Guy	(interrupting) Il est huit heures vingt-cinq . . . si vous voulez manger: venez . . .
Monique	Et mon whisky!
Alain	Le voilà.
Guy and Monique	(to Alain) Excusez-moi. (they move off into the dining-room)
Le Garçon	Il n'est pas très aimable, ce monsieur.
Alain	(reflective) Non. Et il est bizarre . . . Cet homme n'est pas en vacances. Qu'est-ce qu'il fait à Montmirail ?

(In the restaurant)

Guy	Je suis désolé, Monique.
Monique	Je vous en prie, Guy. Maintenant, je comprends. Le patron téléphone de Paris . . . et voilà.
Guy	(looking at table numbers before waiter arrives) Numéro vingt . . . numéro vingt-deux . . . (to waiter) La table numéro vingt et un, s'il vous plaît – Lambert.

14

Le Garçon	Ah, oui; une table pour deux. Par ici, Messieurs-Dames. Voilà, asseyez-vous.
Guy	Vous avez une robe magnifique, Monique.
Monique	Merci, Guy.
Guy	Et votre coiffure . . : bravo!
Le Garçon	Le menu, Messieurs-Dames.

Guy	Alors, qu'est-ce que vous prenez? Un hors d'œuvre, du potage . . .

Le Garçon	Comme hors d'œuvre, il y a des hors d'œuvre variés, œuf mayonnaise, filet de hareng, pâté maison, salade de tomates . . . Les huîtres sont excellentes.
Monique	Un pâté maison, s'il vous plaît.
Guy	Et pour moi, des huîtres.
Le Garçon	Et ensuite . . . ? Le homard est très bon.
Monique	Bon, alors, pour moi, du homard.
Guy	Et pour moi, un steak.
Le Garçon	Saignant, à point, ou bien cuit?
Guy	Saignant.

Le Garçon	Et comme légumes? Haricots verts, petits pois, pommes de terre frites, pommes à l'anglaise . . .
Monique	Pour moi, une salade et des pommes à l'anglaise.
Guy	Et pour moi, des petits pois et des pommes de terre frites.
Le Garçon	Et comme vin?
Guy	Eh bien, avec le homard, du vin blanc; et avec le steak, du vin rouge.
Le Garçon	Vous prenez une carafe de vin blanc, et une bouteille de vin rouge de Montmirail?
Guy	Oui, c'est ça.

(At the end of the meal, Alain comes over to join them)

Alain	Vous permettez?
Guy	Mais oui.
Alain	Ce restaurant est excellent, n'est-ce pas?
Guy	Oui.
Alain	Et le décor est magnifique. Cette tête est très bien, là.
Monique	C'est la Vénus de Montmirail.
Alain	La Vénus de Montmirail? Mais elle est au musée!
Monique	Oui . . . J'espère . . .
Alain	Et cette tête, alors . . . ?
Guy	C'est une copie.
Alain	Une copie? Pourquoi?

14

WORDS AND EXPRESSIONS . . .

French	English	French	English
l'allumette **f**	match	l'huître **f**	oyster
la bouteille	bottle	le légume	vegetable
le briquet	cigarette lighter	le menu	menu
la carafe	carafe	l'œuf (mayonnaise) **m**	egg (mayonnaise)
la cigarette	cigarette	le pâté (maison)	pâté (of the house)
le décor	décor, setting	le petit pois	pea, petit pois
le filet	fillet	la pomme de terre	potato
le gant	glove	le potage	soup
le hareng	herring	le restaurant	restaurant
le haricot	bean	la salade	salad
le haricot vert	(french) bean	le steak	steak
	(lit. green bean)	la tomate	tomato
le homard	lobster	le travail;	work
le hors d'œuvre	hors d'œuvre	**pl** les travaux	

de from **en** (see page 32) **quelque chose** something **quelqu'un** somebody

mes my **vos** your

frit fried **saignant** rare (of steak) **varié** varied **vert** green

attendre to wait **comprendre** to understand **faire** to do/make

vingt et un	21	vingt-deux	22	vingt-trois	23
vingt-quatre	24	vingt-cinq	25	vingt-six	26
vingt-sept	27	vingt-huit	28	vingt-neuf	29

à point	medium (cooked, of meat)
avoir du feu	to have a light
à votre santé!	your health!/cheers!
bien cuit	well done (of steak)
cette tête est très bien, là.	that head looks fine over there
comme hors d'œuvre/légumes	as an hors d'œuvre/as vegetables
une demi-heure	half an hour
huit heures cinq	five past eight
huit heures moins cinq	five to eight
il n'est toujours pas là	he isn't here yet
Messieurs-Dames	ladies and gentlemen (informal phrase often used by shopkeepers, waiters, etc., when greeting customers)
un pauvre journaliste	a poor journalist
les pommes à l'anglaise	boiled potatoes
qu'est-ce que je fais?	what shall I do?
je suis désolé(e)!	I'm terribly sorry!
vous voilà!	there you are!

. . . COMMENTS . . .

Many restaurants make their own home-made pâté, known as **pâté maison**. Most medium or low-priced restaurants will also sell carafe wine from the barrel in varying quantities: it is much cheaper than bottled wine and can be very good indeed. Incidentally, when both cheese and dessert are served at a meal in France, it is the cheese that precedes the dessert.

14

... HOW WE SAY THEM ...

There are two types of **h** in French. Both are silent, but there is a difference in the pronunciation of the words that precede them. Those words that begin with the **h** that we have met so far are treated just as if the **h** was not there, and used with **l'** – l'hôtel, l'huile, l'heure – and liaison is made – les hôtels, les huîtres, vingt-huit.
Buy many other words behave differently. Although the **h** is silent, these words are treated as if they started with a consonant: **le** or **la** (or **du, au**) are used as appropriate, and no liaison is made:

    le hareng   le haricot   le homard   les haricots   les hors d'œuvre

Since the word itself does not indicate which type of **h** is being used, it is best to remember these words with **l'**, **le** or **la** as appropriate.
The numbers **un, une** and **huit** are used with **le** or **la** and not **l'**; in this respect they behave as if their first letter was the second type of **h**.
Note that **œuf** is pronounced like **neuf** without the **n**, but that **œufs** is pronounced like **peu** without the **p** (see page 8); note, too, that **steak** rhymes with French **sec**.

... HOW WE USE THEM ...

Bonjour, Monsieur! Bonjour, Messieurs!	Note the plural form of **monsieur**.
Où sont mes gants? cigarettes?	**mes** is the plural form of both **mon** and **ma**.
Vos gants? Ils sont là. cigarettes? Elles	**vos** is the plural form of **votre**.

Voilà vos sandwichs. Vous avez les miens?
  Non, les vôtres sont dans la voiture.
Voilà vos allumettes. Vous avez les miennes?
  Les vôtres? Ah, oui! Les voilà!
	The plural forms of **le mien, la mienne** and **le/la vôtre** are quite regular.

Je suis désolé, Monique.
  Je vous en prie, Guy.
Je suis désolée, Guy.
  Ça ne fait rien, Monique.
	Note that an adjective applied to a person is masculine if the person is male, and feminine if the person is female.

Vous avez des cigarettes?
  Oui, j'en ai. Vous en voulez une?
  Non, je n'en ai pas. Je vais en chercher.
Combien est-ce que vous en voulez?
  J'en voudrais deux.
	en (some/any) (of it/them) often has no equivalent in English. It is generally used in French to avoid the repetition of nouns, particularly when quantities are being expressed.

Qu'est-ce que vous allez faire? pensez	**faire** to do/make
Je fais mon travail.	**je fais**
Vous le faites ici?	**vous faites** Note the forms of
Qu'est-ce qu' il fait en ce moment? elles font à Montmirail?	**il/elle fait** the verb **faire**. **ils/elles font**

Vous comprenez?
  Oui, je comprends très bien.
Vous attendez quelqu'un?
  J'attends un ami.

Both these forms of **comprendre** are the same as those of **prendre** (see page 16), but **attendre** is different in the **'vous'** form.

Il est huit heures cinq.
               moins cinq.

Il est midi dix.
            moins dix.

Note these expressions.

Vingt et un timbres.
Vingt-deux minutes.
Vingt et une minutes.
Il est midi vingt et une.

Note the **et** in **vingt et un** and note that **une** is used when followed by a feminine noun.
midi vingt et une is short for **midi vingt et une minutes.**

... AND NOW SOME PRACTICE!

Mes allumettes sont dans ma chambre.
Mes journaux sont dans ma chambre.

Mes allumettes sont dans ma chambre.
Mes journaux sont dans ma chambre.
Mes cigarettes sont dans ma chambre.
Mes livres sont dans ma chambre.
Mes pellicules sont dans ma chambre.
Mes boutons sont dans ma chambre.
Mes serviettes sont dans ma chambre.
Mes cachets d'aspirine sont dans ma chambre.

Vous avez une allumette?
Vous avez un journal?

Vous avez une allumette?
Vous avez un journal?
Vous avez une cigarette?
Vous avez un livre?
Vous avez une pellicule?
Vous avez un bouton?
Vous avez une serviette?
Vous avez un cachet d'aspirine?
Je vais les chercher?

●
En ce moment, je ne peux pas le faire.
Alors, je le fais tout de suite!

En ce moment, je ne peux pas le faire.
Alors, je le fais tout de suite!
En ce moment, je ne peux pas la faire.
Alors, je la fais tout de suite!
En ce moment, je ne peux pas le faire.
Alors, je le fais tout de suite!
En ce moment, je ne peux pas la faire.
Alors, je la fais tout de suite!

Vous ne faites pas votre lit?
Mais, il est déjà dix heures!

Vous ne faites pas votre lit?
Mais, il est déjà dix heures!
Vous ne faites pas votre chambre?
Mais, il est déjà midi!
Vous ne faites pas votre travail?
Mais, il est déjà trois heures!
Vous ne faites pas votre valise?
Mais, il est déjà quatre heures!
Le taxi va arriver.

14

Vos gants ? Ils ne sont pas dans votre chambre ?
Vos clefs ? Elles ne sont pas dans votre chambre ?

Vos gants ? Ils ne sont pas dans votre chambre ?
Vos clefs ? Elles ne sont pas dans votre chambre ?
Vos papiers ? Ils ne sont pas dans votre chambre ?
Vos lettres ? Elles ne sont pas dans votre chambre ?
Vos sandwichs ? Ils ne sont pas dans votre chambre ?
Vos valises ? Elles ne sont pas dans votre chambre ?
Vos souvenirs ? Ils ne sont pas dans votre chambre ?
Vos robes ? Elles ne sont pas dans votre chambre ?

Où sont mes gants ?
Où sont mes clefs ?

Où sont mes gants ?
Où sont mes clefs ?
Où sont mes papiers ?
Où sont mes lettres ?
Où sont mes sandwichs ?
Où sont mes valises ?
Où sont mes souvenirs ?
Où sont mes robes ?
Dans le placard, peut-être ?

J'en achète une seulement.
J'en achète deux seulement.

J'en achète une seulement.
J'en achète deux seulement.
J'en achète une seulement.
J'en achète deux seulement.
J'en achète un seulement.
J'en achète deux seulement.
J'en achète un seulement.
J'en achète deux seulement.

Vous achetez combien de cartes ?
Vous achetez combien de timbres ?

Vous achetez combien de cartes ?
Vous achetez combien de timbres ?
Vous achetez combien d'enveloppes ?
Vous achetez combien de disques ?
Vous achetez combien de journaux ?
Vous achetez combien de cendriers ?
Vous achetez combien de petits pains ?
Vous achetez combien de croissants ?
Bon appétit !

Il est exactement midi vingt.
Il est exactement midi vingt et une.

Il est exactement midi vingt.
Il est exactement midi vingt et une.
Il est exactement midi vingt-deux.
Il est exactement midi vingt-trois.
Il est exactement midi vingt-quatre.
Il est exactement midi vingt-cinq.
Il est exactement midi vingt-six.
Il est exactement midi vingt-sept.

Quelle heure est-il ?
Quelle heure est-il ?

Quelle heure est-il ?
Quelle heure est-il ?
Quelle heure est-il ?
Quelle heure est-il ?
Quelle heure est-il ?
Quelle heure est-il ?
Quelle heure est-il ?
Quelle heure est-il ?
Vous avez l'heure exacte !

Oui; et les miens sont ici.
Oui; et les miennes sont ici.

Oui; et les miens sont ici.
Oui; et les miennes sont ici.
Oui; et les miens sont ici.
Oui; et les miennes sont ici.
Oui; et les miens sont ici.
Oui; et les miennes sont ici.
Oui; et les miens sont ici.
Oui; et les miennes sont ici.

Ce sont les billets de Monique ?
Ce sont les enveloppes de Guy ?

Ce sont les billets de Monique ?
Ce sont les enveloppes de Guy ?
Ce sont les timbres de Monique ?
Ce sont les cigarettes de Guy ?
Ce sont les journaux de Monique ?
Ce sont les allumettes de Guy ?
Ce sont les disques de Monique ?
Ce sont les lunettes de Guy ?
Je les pose sur le bureau.

●
J'adore les hors d'œuvre !
Les apéritifs ? Pas beaucoup . . .

J'adore les hors d'œuvre !
Les apéritifs ? Pas beaucoup . . .
J'adore les harengs !
Les œufs mayonnaise ? Pas beaucoup . . .
J'adore les haricots !
Les huîtres ? Pas beaucoup . . .
J'adore le homard !
Les additions ? Pas beaucoup . . .

Vous aimez les hors d'œuvres ?
Et les apéritifs ?

Vous aimez les hors d'œuvre ?
Et les apéritifs ?
Vous aimez les harengs ?
Et les œufs mayonnaise ?
Vous aimez les haricots ?
Et les huîtres ?
Vous aimez le homard ? *lobster*
Et les additions ?
Vous êtes comme moi !

Faites-le écouter !
Faites-la parler !

Faites-le écouter !
Faites-la parler !
Faites-le travailler !
Faites-la regarder !
Faites-le essayer !
Faites-la manger !
Faites-le monter !
Faites-la pousser !

Guy n'écoute pas . . .
Monique ne parle pas . . .

Guy n'écoute pas . . .
Monique ne parle pas . . .
Alain ne travaille pas . . .
Marise ne regarde pas . . .
Jean-Paul n'essaie pas . . .
Françoise ne mange pas . . .
Louis ne monte pas . . .
Denise ne pousse pas . . .
Elle est fatiguée.

NOW YOU KNOW . . .

. . . what to say when more than one thing belongs
to you or to the person you are speaking to
. . . how to say you are doing or making or packing or
tidying or cleaning something — all with one verb!
. . . how to order dinner in a restaurant

AU REVOIR! ET BON APPÉTIT!

15 Tout ce qui brille n'est pas or

(Guy is reading a paper on the hotel terrace; Monique comes out and calls to him.)

Monique Guy!

Guy Oui . . .

Monique Venez prendre l'apéritif!

Guy Mais oui; certainement.

(In the kitchen, Monsieur Mauget is annoyed with Lucien, the cook)

M. Mauget Mes pommes de terre! Voyons, Lucien, pas sur ma table! (points to another table) **Vous ne pouvez pas poser votre plat sur cette table?** (seeing bottles there) **Les bouteilles! Attention!** (a bottle falls) **Imbécile!**

(In the living-room)

Monique (to Guy, explaining noises from kitchen) **C'est Papa . . . Il est quelquefois difficile . . . et nerveux.**

Guy (excusing him) **Il travaille beaucoup.**

Monique Oui. Mais les Mauget sont difficiles et nerveux.

Guy Vous n'êtes pas difficile, vous, Monique . . .

Monique Je ne sais pas . . . C'est peut-être seulement les hommes: mon grand-père est très difficile . . . (shouting to her deaf grandfather) **Grand-Père, je te présente Monsieur Lambert, Monsieur Guy Lambert.** (he nods) **Guy, je vous présente mon grand-père.**

Guy Monsieur . . .

Monique (picking up grandfather's glasses) **Grand-Père, tes lunettes . . . voyons, Grand-Père.** (introduces grandmother to Guy) **Ma grand-mère est très aimable.**

M. Mauget	(rushing in from kitchen) Monique, où est ma femme ?
Monique	Maman ? Je ne sais pas.
M. Mauget	Qu'est-ce qu'elle fait ?
Monique	Attends, Papa. Je vais la chercher. (calls) Maman! (to Guy) Pauvre Maman! Heureusement, elle est très patiente. Ah, la voilà! Maman, Papa est à la cuisine . . .
Mme Mauget	Bon. (smiling) Je vais à la cuisine.
Monique	C'est ça.
Mme Mauget	Bonjour, Monsieur Lambert.
Guy	Bonjour, Madame. (they shake hands)
Mme Mauget	(looking towards kitchen) Qu'est-ce qu'il y a ?
Monique	Papa et le chef . . .
Mme Mauget	Qu'est-ce qu'ils font ?
Monique	(ironically) Papa fait la cuisine!

(In the kitchen)

M. Mauget	J'en ai assez! Où est le sel ?
Mme Mauget	(quietly) Le sel ? Mais il est là, sur la table.
M. Mauget	Ah. Et l'ail ? Je ne peux pas trouver l'ail! (cook hands him garlic) Naturellement, si vous avez l'ail, je ne peux pas faire la cuisine!
Mme Mauget	(reproachfully) Voyons, Émile . . .
M. Mauget	Et le poivre ? (finds some) Non, ça va, j'en ai.
Monique	(calls) Papa! Maman! L'apéritif!
Mme Mauget	Viens, Émile!
M. Mauget	Je fais la cuisine.
Mme Mauget	Monsieur Lambert est là pour l'apéritif.
M. Mauget	Ça m'est égal! (reluctantly) J'arrive. (to cook) Voilà les hors d'œuvre: les œufs mayonnaise, le pâté, la salade de tomates. Laissez-les là. Vous avez compris ? (cook nods) Et attention! (points to cooker) Les pommes de terre sont là. Les haricots aussi. A propos, l'ail! De l'ail dans la salade de tomates. Vous avez compris ?
Mme Mauget	Émile . . .
M. Mauget	(impatient) J'arrive!

(In the living-room, Monique is pouring Guy a whisky)

Guy	(to Monique) Assez! Merci.
Monique	J'ai de la glace; vous en voulez ?
Guy	Oui, un peu, s'il vous plaît.
Mme Mauget	Excusez mon mari. Il fait la cuisine . . .
Monique	Et naturellement, il crie.
Mme Mauget	Mon mari est un cuisinier remarquable. Mais il est quelquefois un peu nerveux. (calling) Émile!
M. Mauget	(off) J'arrive!
Monique	Maman, un petit apéritif ?
Mme Mauget	Avec plaisir.
M. Mauget	(coming in) Oh! Avoir un chef comme ça . . . c'est terrible! C'est un im-bé-cile!
Monique	Papa, un petit apéritif ?
M. Mauget	(a swift change of mood) Bravo!
Monique	Qu'est-ce que tu prends, Papa ? Du whisky, de la vodka, du pastis . . .

15

M. Mauget	Pour moi, c'est bien simple: un petit vin blanc de Montmirail. Ah! Monsieur Lambert! Le vin de Montmirail est remarquable: il est excellent pour la santé!
Monique	Alors vite! Un verre de vin de Montmirail pour Papa! (pouring) Comme ça?
M. Mauget	Oui, très bien; merci.
Monique	Oh, ma pauvre Maman! Ton apéritif! Qu'est-ce que tu prends?
Mme Mauget	Eh bien, Monique, je prends un petit whisky. Pas beaucoup: un peu. (Monique pours her a drink)
Guy	Et vous, Monique, qu'est-ce que vous prenez?
Monique	Moi? Je vais prendre un petit whisky, comme vous; avec un peu de glace.
Guy	Vous permettez? (serves her)
Monique	Oh, attention! C'est trop!
Guy	Oh, pardon!
Monique	Non, ça va très bien. Merci.
M. Mauget	Alors, Monsieur Lambert, vous aimez Montmirail? Il n'y a pas deux villes comme Montmirail!
Guy	Vous avez raison. Vous avez ici des monuments et des antiquités remarquables.
Mme Mauget	Oui; mais ces vols, quel dommage!
Guy	Oui; c'est vraiment un mystère.
M. Mauget	Ah, mais . . . tout va bien, maintenant. La Marquise a ses cuillères et ses fourchettes; le curé a son plat. N'en parlons plus!
Mme Mauget	Émile, tu parles, tu parles . . . et l'apéritif?
M. Mauget	(annoyed) 'Je parle, je parle'. Je parle parce que tu parles.
Mme Mauget	Je parle, moi?
M. Mauget	Oui, tu parles. Qu'est-ce que tu fais, en ce moment?
Monique	Bon; n'en parlons plus!
Mme Mauget	(raising glass) Monique, à ta santé!
Guy	A votre santé, Monique!
M. Mauget	Et bon anniversaire!
Guy	Comment? C'est votre anniversaire?
Monique	Oui.
Guy	Vraiment? Alors, Monique . . . bon anniversaire!
Monique	Merci, Guy. (they all drink)
M. Mauget	Oh, mon Dieu! Il est sept heures et demie. (switches on television)
Mme Mauget	(to Guy) C'est l'heure des informations. Mon mari écoute toujours les informations.
La Speakerine	Encore une fois – nouveau vol à Montmirail! Les cuillères et les fourchettes du château de Montmirail et le plat en or de l'église . . .
M. Mauget	Comment? Encore une fois?
Mme Mauget	Ce n'est pas possible!
M. Mauget	(furious) C'est insupportable!
La Speakerine	La police continue . . .
M. Mauget	(indignantly switches off television) La police! Ah, oui, la police!
Guy	Ne vous inquiétez pas; la police va trouver le voleur.

M. Mauget	Ah, je voudrais parler à ces hommes de la police! Qu'est-ce qu'ils font? Rien!
Monique	Voyons, Papa! C'est mon anniversaire: ne crie pas.
Mme Mauget	(changing subject) **Monsieur Lambert, vous aimez les livres?**
Guy	Oui, beaucoup.
Mme Mauget	Eh bien, regardez ce livre.
Monique	C'est un cadeau d'anniversaire.
Guy	(reading title) **La Vénus de Montmirail. Très bien** . . .
Monique	J'ai aussi deux disques excellents. C'est un cadeau de Papa.
M. Mauget	Monique aime les disques . . .
Monique	Et ce foulard en soie. Ça, c'est un cadeau de Maman. (cook brings in birthday cake) **Oh! il est magnifique! Bravo, Lucien!**
M. Mauget	**Imbécile! Regardez ce plat! Un plat comme ça, pour un gâteau comme ça!** (produces gold dish from a parcel and lifts cake on to it) **Voilà!**
Mme Mauget	(worried) **Émile** . . .
M. Mauget	(realising that they are all asking themselves the same question) **Ne vous inquiétez pas! Tout ce qui brille n'est pas or** . . .

WORDS AND EXPRESSIONS . . .

fam. = familiar

l'ail **m**	garlic	(la) **maman**	mummy
l'anniversaire **m**	birthday	le **mari**	husband
le **cadeau**	présent	le **pastis**	pastis, alcoholic
le **chef**	chef		drink flavoured
la **cuisine**	kitchen		with aniseed
le **cuisinier**	cook	le **poivre**	pepper
la **femme**	wife	le **sel**	salt
le **gâteau**	cake/gâteau	la **speakerine**	female announcer
la **glace**	ice		(on radio or TV)
la **grand-mère**	grandmother	la **vodka**	vodka
le **grand-père**	grandfather		
tu, toi	you (fam.)	**ton, ta, tes**	your (fam.)
imbécile	foolish, stupid	**patient**	patient
insupportable	unbearable, awful	**pauvre**	poor
nerveux (f nerveuse)	highly strung		

avoir	to have	**crier**	to shout	**excuser**	to excuse
heureusement	luckily, fortunately			**quelquefois**	sometimes

assez!	that's enough!
avec plaisir	gladly
bon anniversaire!	happy birthday!
ça m'est égal!	I couldn't care less!/it's all the same to me!/I don't care!
encore une fois	once again

15

faire la cuisine	to cook
imbécile!	fool!/you fool!
j'en ai assez!	I've had enough!
je te présente . . .	may I introduce . . . (fam.)
les Mauget	the Maugets, the Mauget family (note that family names remain unchanged in the plural)
n'en parlons plus!	let's not talk about it any more!/ let's say no more about it!
ne vous inquiétez pas!	don't worry!
nouveau vol à Montmirail!	another theft at Montmirail!
pauvre maman!	poor mummy!
tout ce qui brille n'est pas or	all that glisters is not gold
un petit vin blanc	a little glass of white wine

. . . COMMENTS . . .

Qu'est-ce que **vous prenez?** / **tu prends?**

There are two ways of addressing people in French: a 'standard' and a 'familiar' way. **Vous** is the standard equivalent of 'you'; **tu** is the familiar equivalent. Verbs, too, have a standard and a familiar 'you' form.

The standard form of address is the one generally used when talking to strangers and acquaintances; the familiar is used with relations, close friends and young children. Social conventions, however, vary a good deal on this point; younger people tend to use **tu** more freely.

For the foreigner in France, the standard form of address is by far the most useful. This is why we have used it exclusively so far in our course. Since familiar forms will often be heard, however, a selection of the most important is given below (the full list can be found in the Grammar Summary at the end of the book).

Only the standard forms are used in the practice sections.

. . . HOW WE SAY THEM . . .

Note the sound represented by **il** in **ail, travail, réveil, soleil, appareil:** it is similar to the y of 'yes' and may also be represented by **ill** as in **bouteille, travailler,** or by the **ll** in **fille, brille, cuillère.** An exception is **ville** — the **ll** is pronounced as **l.**

The **l** of **il** is always pronounced when the word is followed by a vowel: **il aime.** It is often dropped in informal conversation when the word is followed by a consonant: **s'il vous plaît.** It is also often dropped in **ils: ils ne sont pas là.**

Note that the second **s** of **pastis** is pronounced.

. . . HOW WE USE THEM . . .

Qu'est-ce que **vous prenez?** / **tu prends?**	**vous** is the standard form / **tu** is the familiar form	for 'you'
Pour moi, un pastis. Et pour **vous?** / **toi?**	**vous** is the standard form / **toi** is the familiar form when used after **pour, avec, sans,** etc. (see Book 1, page 75)	for 'you'

15

Verbs, too, have a standard and a familiar form:

Je préfère une vodka.
Tu préfères une vodka?
Je prends un whisky.
Tu prends un whisky?
Je fais la cuisine.
Tu fais la cuisine?
Je peux commencer?
Tu peux commencer.

Most add an unpronounced −s to the je form,

unless there is already an −s

or an −x.

But a few are irregular:

| J' ai mal à la tête. | Je suis fatiguée. | Je vais à la pharmacie. |
| Tu as mal à la tête? | Tu es fatiguée? | Tu vas à la pharmacie? |

Qu'est-ce que
vous voulez?
tu veux?

Note the familiar form of **vous voulez,**

Ne
regardez
regarde
pas maintenant!

and of the imperative of verbs that end in −er in the infinitive.

C'est mon anniversaire.

C'est
ton
votre
anniversaire?

Mon amie n'est pas là.

Ton
Votre
amie n'est pas là?

Note that the familiar forms corresponding to **votre** and **vos** follow closely those of **mon, ma, mes.**

Ma voiture est en panne.

Ta
Votre
voiture est en panne?

Je n'ai pas mes papiers avec moi.
Tu n'as
pas
tes
papiers avec
toi?
Vous n'avez
vos
vous?

... AND NOW SOME PRACTICE!

●
Oui; j'en ai.
Ah, non . . . Je n'en ai pas.

Oui; j'en ai.
Ah, non . . . Je n'en ai pas.
Oui; j'en ai.
Ah, non . . . Je n'en ai pas.
Oui; j'en ai.
Ah, non . . . Je n'en ai pas.
Oui; j'en ai.
Ah, non . . . Je n'en ai pas.

Vous avez du beurre?
Et de la confiture?

Vous avez du beurre?
Et de la confiture?
Vous avez des haricots verts?
Et des pommes de terre?
Vous avez du pâté?
Et de la salade?
Vous avez des petits pois?
Et des tomates?
Voilà des tomates!

15

●
Vous pouvez y aller tout de suite.
Vous pouvez y aller demain.

Vous pouvez y aller tout de suite.
Vous pouvez y aller demain.
Vous pouvez y aller tout de suite.
Vous pouvez y aller demain.
Vous pouvez y aller tout de suite.
Vous pouvez y aller demain.
Vous pouvez y aller tout de suite.
Vous pouvez y aller demain.

Je voudrais aller à la poste.
Je voudrais visiter l'église.

Je voudrais aller à la poste.
Je voudrais visiter l'église.
Je voudrais aller à la pharmacie.
Je voudrais visiter le musée.
Je voudrais aller au garage.
Je voudrais visiter le château.
Je voudrais aller au cinéma.
Je voudrais visiter l'amphithéâtre.
Il n'est pas fermé, demain ?

●
Non. Mais je voudrais en avoir un . . .
Non. Mais je voudrais en avoir une . . .

Non. Mais je voudrais en avoir un . . .
Non. Mais je voudrais en avoir une . . .
Non. Mais je voudrais en avoir une . . .
Non. Mais je voudrais en avoir une . . .
Non. Mais je voudrais en avoir un . . .
Non. Mais je voudrais en avoir une . . .
Non. Mais je voudrais en avoir un . . .
Non. Mais je voudrais en avoir un . . .

Vous n'avez pas d'appareil ?
Vous n'avez pas de caméra ?

Vous n'avez pas d'appareil ?
Vous n'avez pas de caméra ?
Vous n'avez pas de voiture ?
Vous n'avez pas de roue de secours ?
Vous n'avez pas de réveil ?
Vous n'avez pas de montre ?
Vous n'avez pas de briquet ?
Vous n'avez pas de cendrier ?
En voilà un, là !

Est-ce que je peux entrer ?
Est-ce que je peux regarder ?

Est-ce que je peux entrer ?
Est-ce que je peux regarder ?
Est-ce que je peux écouter ?
Est-ce que je peux commencer ?
Est-ce que je peux essayer ?
Est-ce que je peux signer ?
Est-ce que je peux téléphoner ?
Est-ce que je peux rester ?

Vous n'entrez pas ?
Vous ne regardez pas ?

Vous n'entrez pas ?
Vous ne regardez pas ?
Vous n'écoutez pas ?
Vous ne commencez pas ?
Vous n'essayez pas ?
Vous ne signez pas ?
Vous ne téléphonez pas ?
Vous ne restez pas ?
Mais oui ! Venez prendre quelque chose !

●
Ne l'achetez pas ici; achetez-le là-bas.
N'en achetez pas ici; achetez-en là-bas.

Ne l'achetez pas ici; achetez-le là-bas.
N'en achetez pas ici; achetez-en là-bas.
Ne l'achetez pas ici; achetez-la là-bas.
N'en achetez pas ici; achetez-en là-bas.
Ne l'achetez pas ici; achetez-le là-bas.
N'en achetez pas ici; achetez-en là-bas.
Ne l'achetez pas ici; achetez-la là-bas.
N'en achetez pas ici; achetez-en là-bas.

Je voudrais acheter un peigne.
Je voudrais acheter du jambon.

Je voudrais acheter un peigne.
Je voudrais acheter du jambon.
Je voudrais acheter une serviette.
Je voudrais acheter de la moutarde.
Je voudrais acheter un shampooing.
Je voudrais acheter du pain.
Je voudrais acheter une glace.
Je voudrais acheter de la viande.
Pourquoi pas ici ?

15

Pourquoi est-ce qu'elle est au restaurant?
Pourquoi est-ce qu'elle attend Guy?

Monique est au restaurant.
Parce qu'elle attend Guy.

Pourquoi est-ce qu'elle est au restaurant?
Pourquoi est-ce qu'elle attend Guy?
Pourquoi est-ce qu'il est en retard?
Pourquoi est-ce que le taxi n'arrive pas?
Pourquoi est-ce que le chauffeur est parti?
Pourquoi est-ce qu'il est fatigué?
Pourquoi est-ce qu'il travaille beaucoup?
Pourquoi est-ce qu'il y a beaucoup de touristes?

Monique est au restaurant.
Parce qu'elle attend Guy.
Parce qu'il est en retard.
Parce que le taxi n'arrive pas.
Parce que le chauffeur est parti.
Parce qu'il est fatigué.
Parce qu'il travaille beaucoup.
Parce qu'il y a beaucoup de touristes.
Ah, cette affaire des vols!

Je peux y aller avec vous?
Je peux la visiter avec vous?

Je vais à l'église.
Je visite la crypte.

Je peux y aller avec vous?
Je peux la visiter avec vous?
Je peux y aller avec vous?
Je peux le regarder avec vous?
Je peux y aller avec vous?
Je peux l'écouter avec vous?
Je peux y aller avec vous?
Je peux l'attendre avec vous?

Je vais à l'église.
Je visite la crypte.
Je vais au café.
Je regarde le journal.
Je vais au magasin.
J'écoute un disque.
Je vais à l'hôtel.
J'attends Monique.
Mais certainement!

Il est presque midi.

Il est presque dix heures.

Il est presque cinq heures.

Il est presque six heures.

Il est presque quatre heures.

Il est presque neuf heures.

Il est presque une heure.

Il est presque sept heures.

Quelle heure est-il?

Quelle heure est-il?

Quelle heure est-il?

Quelle heure est-il?

Quelle heure est-il?

Quelle heure est-il?

Quelle heure est-il?

Quelle heure est-il?

Vous prenez un apéritif?

NOW YOU KNOW...

... how to recognise the different forms of address
when people know each other well – or less well!

AU REVOIR! ET TRAVAILLEZ BIEN!

16 Le guide, c'est moi!

(In the museum, the archaeologist is examining the Head of Venus with the sinister stranger, whom Guy and Monique have followed, unobserved.)

L'Archéologue Oui, Monsieur, elle est authentique. Tenez, regardez: les cheveux, le nez ... C'est une Romaine. (stranger looks doubtful) Non, ce n'est pas une copie. Je suis archéologue, croyez-moi! (they move on)
(Guy and Monique emerge and see the guide, Désiré, who feels he has been caught eavesdropping)

Désiré (pointing to archaeologist) Elle visite le musée sans arrêt. Elle regarde tout, surtout la tête.

Guy Tiens ...

Monique (pointing to bottle in Désiré's hand) Une bouteille? Qu'est-ce que vous faites avec cette bouteille, Monsieur Désiré?

Désiré Ce n'est pas du vin! C'est de l'eau. J'aime le vin; mais mes fleurs aiment l'eau.

Monique Vos fleurs?

Désiré Oui. Voilà mes fleurs. Maintenant je vais remplir mes vases.

Monique Vous remplissez les vases?

Désiré Oui. (proudly) Les fleurs, c'est une idée de Désiré Janvier. Ces fleurs, près de la Tête de Vénus, ces fleurs partout, c'est bien, non?

Monique Oh, oui! C'est magnifique. (smells roses) Hum ... ces roses!

Désiré Mademoiselle Monique, choisissez une rose!

Monique Avec plaisir. Alors, je choisis ... cette rose.

16

Désiré	(looking at time) **Oh, mon Dieu! C'est presque l'heure de la visite.** (on second thoughts) **C'est quel jour, aujourd'hui?**
Guy	**Aujourd'hui, c'est lundi.**
Désiré	**Alors, c'est ça.**
Monique	**A quelle heure est la visite aujourd'hui?**
Désiré	**Le lundi, la visite est à onze heures. Demain, mardi, il n'y a pas de visite ici. Mais il y a une visite à onze heures à l'amphithéâtre. Le mercredi, visite à quatorze heures à l'église. Le jeudi, visite ici, à seize heures.**
Guy	**C'est compliqué!**
Désiré	**Eh oui . . . il y a trop de monuments à Montmirail!**
Guy	**Vous voulez dire: pas assez de guides!**
Monique	**Monsieur Désiré est un guide unique.**
Désiré	**J'aime mon travail; et j'aime beaucoup les antiquités . . . Mais, ce n'est pas tout! Le vendredi, visite à quatorze heures au château. Le samedi, visite à quinze heures ici.**
Monique	**Et le dimanche?**
Désiré	**Le dimanche, rien.**
Monique	**Heureusement!**
Désiré	**Oh, non; le dimanche je suis ici, ou à la crypte, ou à l'amphithéâtre.**
Monique	**Vraiment?**
Guy	**Pourquoi?**
Désiré	**Pour le plaisir . . . J'aime mes antiquités, vous comprenez? Elles sont uniques.** (calling visitors) **Allons, Messieurs-Dames! Si tout le monde est prêt, la visite commence! Suivez le guide!**
L'Archéologue	(approaching with sinister stranger) **Est-ce que je peux visiter le musée avec vous?**
Désiré	**Naturellement. Suivez le guide! Vous allez d'abord visiter la salle douze. Par ici, Messieurs-Dames!** (he leads the way)
Monique	(indicating the stranger) **Qui est cet homme?**
Guy	**Chut!** (signals to Monique; they follow the stranger)

(In another room)

Désiré	**Regardez, Messieurs-Dames. Ce tableau est unique. C'est un portrait de Louis XIV.**
L'Archéologue	**Oui; mais c'est une copie.**
Désiré	**Oui, Madame. C'est une copie, mais c'est une copie authentique. C'est un cadeau de Madame la Marquise de Beauchamp.** (As archaeologist sits down, Désiré shows notice on wall) **Madame, regardez!** (reads) **'Défense de toucher'.**
L'Archéologue	**Je ne touche rien. Je suis là parce que je suis fatiguée.**
Désiré	**Vous allez salir ce fauteuil Louis XVI.**
L'Archéologue	**Vous permettez? Ce n'est pas un fauteuil Louis XVI.**
Désiré	**Alors, qu'est-ce que c'est?**
L'Archéologue	**Ça, c'est un fauteuil Louis XV, voyons!**
Désiré	**Peut-être; mais il est authentique. Allons, Madame.** (shows she must get up; she does) **Et regardez ces deux chaises.**

16

L'Archéologue	(looking round) **Quelles chaises? Où sont ces chaises?**
Désiré	**Là! Ce sont des chaises magnifiques; petites; mais très solides . . .** (sits heavily on one)
L'Archéologue	**Attention, voyons!**

(In the Roman antiquities room)

Monique	**Où est cet homme?**
Guy	**Je ne sais pas. Mais il n'est pas avec le guide.**
Monique	**Le voilà. Il est près de la tête . . .** (stranger is making notes)
Désiré	**Et maintenant, Messieurs-Dames, la salle des antiquités romaines.** (as tourists move towards head) **Non, par ici. La tête après. Avant, venez voir . . . Regardez ces assiettes . . . Ce sont des assiettes romaines remarquables.**
L'Archéologue	(for once agreeing) **C'est vrai; elles sont remarquables.**
Désiré	**Un siècle avant Jésus-Christ, Messieurs-Dames!**
L'Archéologue	**C'est vrai; un siècle avant Jésus-Christ.**
Désiré	**Et ces vases: deux siècles après Jésus-Christ. Et maintenant, Messieurs-Dames . . . pour finir, je vous présente la tête de la Vénus de Montmirail. Ah, Messieurs-Dames, c'est une tête magnifique! Et . . . authentique . . .** (pointedly to archaeologist) **N'est-ce pas, Madame?**
L'Archéologue	(grudgingly) **Oui.**
Désiré	**Regardez ces cheveux, ce nez, ces yeux .. C'est une Romaine, la femme d'un Romain célèbre peut-être. Elle a un air . . . aimable, non? Et c'est une tête en bronze! Ce n'est pas une copie, croyez-moi. Un siècle après Jésus-Christ.**
L'Archéologue	(doesn't care to correct guide, walks away muttering) **Non, non et non! Deux siècles!** (to Guy) **Ce guide est insupportable!**
Guy	**Pourquoi?**
L'Archéologue	**C'est un imbécile! Ecoutez-le! Cette Vénus . . . ! Un siècle après Jésus-Christ!**
Guy	**Un siècle, deux siècles . . . ce n'est pas très grave.**
L'Archéologue	**Excusez-moi, Monsieur. C'est très grave, croyez-moi. Je suis archéologue et je peux donner la date exacte . . .**
Désiré	(interrupting) **Chut! Je ne peux pas parler ici!**
Guy	**Pardon!**
L'Archéologue	(offering to take over) **Je vais finir, si vous voulez.**
Désiré	**Non, merci. Le guide, c'est moi!**
L'Archéologue	**Parce que je voudrais parler de cette tête – de cette tête et de l'amphithéâtre.**
Désiré	**Ici, c'est le musée.**
L'Archéologue	**Je sais. Mais il y a un mystère à propos de cette tête et de l'amphithéâtre.** (Sinister-looking man nods approvingly – Désiré's appalled reaction) **Oui, Monsieur, l'amphithéâtre de Montmirail est très intéressant: il y a un trésor à l'amphithéâtre: oui, Monsieur, un tré-sor.**
Désiré	(changing the conversation) **Madame, c'est moi le guide ici; vous avez compris?**

16

WORDS AND EXPRESSIONS . . .

le bronze bronze	la Romaine Roman woman
le fauteuil armchair	la rose rose
la fleur flower	la salle large room, hall (in a public building)
le nez nose	
le plaisir pleasure	le siècle century
le portrait portrait	le tableau painting
le Romain Roman man	le vase vase

lundi m Monday	vendredi m Friday
mardi m Tuesday	samedi m Saturday
mercredi m Wednesday	dimanche m Sunday
jeudi m Thursday	

quel(s)/quelle(s) which/what   qui? who?   tout everything, all

authentique authentic	solide strong, solid
compliqué complicated, difficult	unique unique
prêt ready	vrai true
romain Roman	

choisir to choose	salir to dirty, soil
finir to finish	toucher to touch
remplir to fill (up)	

assez de enough   avant before   trop de too much/many

onze 11   douze 12   treize 13   quatorze 14   seize 16

attention, voyons!	do be careful!
avant/après Jésus-Christ	B.C./A.D.
c'est quel jour, aujourd'hui?	what day is it today?
croyez-moi	believe me
défense de (toucher)	do not (touch)
elle a un air aimable	she looks kind
un fauteuil Louis XV/XVI	an armchair in the Louis XV/XVI style
le guide, c'est moi!	I'm the one who's the guide!
le lundi/mardi/ . . .	on Mondays/Tuesdays/ . . .
suivez le guide!	follow the guide!
vous voulez dire . . .	you mean . . .

. . . COMMENTS . . .

The 24-hour clock system is widely used in France for public or official occasions the use of the 12-hour system is generally restricted to ordinary conversation, and local events, especially in the provinces.
Note the way kings (and other rulers) are referred to in French when a numeral follows their name: Louis XIV = Louis Quatorze; Louis XV = Louis Quinze; Louis XVI = Louis Seize.

. . . HOW WE SAY THEM . . .

Note the sound represented by the letters **gn** in **peigne, signer, cognac, magnifique, saignant**; it is pronounced in much the same way as the letters ni of 'onion' in English. Note that the **ei** of **peigne** is pronounced like **è** (see Book 1, page 49).

... HOW WE USE THEM ...

Vous voulez
acheter un maillot?
finir cette cigarette?
choisir un foulard?
remplir la fiche?

Although the majority of French verbs end in –er in the infinitive, a substantial number end in –ir.

Je
préfère
choisis
cette rose.

Qu'est-ce que vous
préférez?
choisissez?

These –ir verbs have endings that are different from those of the –er verbs.

Les touristes
visitent
remplissent
l'église.

Most –ir verbs have the same endings as finir. Here are the endings, using finir as a model:

finir:	je finis	(tu finis)	il/elle finit	
		vous finissez	ils/elles finissent	finissez!

Il y a trop de monuments à Montmirail!
Vous voulez dire: pas assez de guides!

Trop and assez are used with de when followed by a noun as in the case of peu, beaucoup, près, loin (see Lesson 7)

C'est quel jour, aujourd'hui?

Aujourd'hui, c'est
lundi.
mardi.
mercredi.

The names of the days of the week are usually written with a small initial letter.

Le jeudi,
Le vendredi, la visite est à
Le samedi,
onze
quatorze heures.
seize

Le dimanche, pas de visite.

Note that the names of the days of the week are masculine, and that they are used with le to convey the meaning of 'on Mondays/Tuesdays/' ..., etc.

... AND NOW SOME PRACTICE!

●

Vous ne pouvez pas l'envoyer comme ça, voyons!
Vous ne pouvez pas le remplir maintenant, voyons!

Je l'envoie comme ça?
Je le remplis maintenant?

Vous ne pouvez pas l'envoyer comme ça, voyons!
Vous ne pouvez pas le remplir maintenant, voyons!
Vous ne pouvez pas l'acheter tout de suite, voyons!
Vous ne pouvez pas le finir ici, voyons!
Vous ne pouvez pas le donner comme ça, voyons!
Vous ne pouvez pas le choisir maintenant, voyons!
Vous ne pouvez pas le développer tout de suite, voyons!
Vous ne pouvez pas le remplir ici, voyons!

Je l'envoie comme ça?
Je le remplis maintenant?
Je l'achète tout de suite?
Je le finis ici?
Je le donne comme ça?
Je le choisis maintenant?
Je le développe tout de suite?
Je le remplis ici?
Je ne vais rien salir ...

Je regrette . . . Dimanche, je ne peux pas . . .
Je regrette . . . Lundi, je travaille . . .

Je regrette . . . Dimanche, je ne peux pas . . .
Je regrette . . . Lundi, je travaille . . .
Je regrette . . . Mardi, je ne peux pas . . .
Je regrette . . . Mercredi, je travaille . . .
Je regrette . . . Jeudi, je ne peux pas . . .
Je regrette . . . Vendredi, je travaille . . .
Je regrette . . . Samedi, je ne peux pas . . .
Je regrette . . . Dimanche, je travaille . . .

Venez dimanche!
Venez lundi!

Venez dimanche!
Venez lundi!
Venez mardi!
Venez mercredi!
Venez jeudi!
Venez vendredi!
Venez samedi!
Venez dimanche!
Vous travaillez beaucoup!

●
Oui, je suis Monsieur Smith. Pourquoi?
Ah, non . . . Je ne suis pas journaliste!

Oui, je suis Monsieur Smith. Pourquoi?
Ah, non . . . Je ne suis pas journaliste!
Oui, je suis Monsieur Brown. Pourquoi?
Ah, non . . . Je ne suis pas professeur!
Oui, je suis Monsieur White. Pourquoi?
Ah, non . . . Je ne suis pas docteur!
Oui, je suis Monsieur Black. Pourquoi?
Ah, non . . . Je ne suis pas archéologue!

Monsieur Smith?
Vous êtes journaliste?

Monsieur Smith?
Vous êtes journaliste?
Monsieur Brown?
Vous êtes professeur?
Monsieur White?
Vous êtes docteur?
Monsieur Black?
Vous êtes archéologue?
Excusez-moi . . .

●
Quel livre est-ce que vous choisissez?
Quelle carte est-ce que vous achetez?

Quel livre est-ce que vous choisissez?
Quelle carte est-ce que vous achetez?
Quel vase est-ce que vous remplissez?
Quelle robe est-ce que vous échangez?
Quels souvenirs est-ce que vous choisissez?
Quelles fleurs est-ce que vous cherchez?
Quels sandwichs est-ce que vous finissez?
Quelles cigarettes est-ce que vous préférez?

Je choisis un livre.
J'achète une carte.

Je choisis un livre.
J'achète une carte.
Je remplis le vase.
J'échange la robe.
Je choisis des souvenirs.
Je cherche des fleurs.
Je finis ces sandwichs.
Je préfère ces cigarettes.
Des cigarettes comme ça.

Ça, oui! Il y a vraiment trop de touristes!
Non; il n'y a pas assez d'hôtels!

Ça, oui! Il y a vraiment trop de touristes!
Non; il n'y a pas assez d'hôtels!
Ça, oui! Il y a vraiment trop de clients!
Non; il n'y a pas assez d'employés!
Ça, oui! Il y a vraiment trop de visiteurs!
Non; il n'y a pas assez de guides!
Ça, oui! Il y a vraiment trop de vols!
Non; il n'y a pas assez d'agents!

Il y a beaucoup de touristes?
Est-ce qu'il y a assez d'hôtels?

Il y a beaucoup de touristes?
Est-ce qu'il y a assez d'hôtels?
Il y a beaucoup de clients?
Est-ce qu'il y a assez d'employés?
Il y a beaucoup de visiteurs?
Est-ce qu'il y a assez de guides?
Il y a beaucoup de vols?
Est-ce qu'il y a assez d'agents?
Ah, mais il y a Guy Lambert!

16

Il est midi dix.
Oh, pardon! Il est midi moins dix!

Il est midi?
Midi dix? Déjà?

Il est midi dix.
Oh, pardon! Il est midi moins dix!
Il est neuf heures dix.
Oh, pardon! Il est neuf heures moins dix!
Il est cinq heures dix.
Oh, pardon! Il est cinq heures moins dix!
Il est dix heures dix.
Oh, pardon! Il est dix heures moins dix!

Il est midi?
Midi dix? Déjà?
Il est neuf heures?
Neuf heures dix? Déjà?
Il est cinq heures?
Cinq heures dix? Déjà?
Il est dix heures?
Dix heures dix? Déjà?
C'est l'heure exacte?

Certainement . . . ! Choisissez-la!
Certainement . . . ! Finissez-le!

Je peux choisir la carte?
Je peux finir mon travail?

Certainement . . . ! Choisissez-la!
Certainement . . . ! Finissez-le!
Certainement . . . ! Remplissez-la!
Certainement . . . ! Choisissez-le!
Certainement . . . ! Finissez-le!
Certainement . . . ! Remplissez-le!
Certainement . . . ! Choisissez-le!
Certainement . . . ! Finissez-le!

Je peux choisir la carte?
Je peux finir mon travail?
Je peux remplir la carafe?
Je peux choisir le disque?
Je peux finir le pâté?
Je peux remplir mon verre?
Je peux choisir le cadeau?
Je peux finir mon petit déjeuner?
Merci!

Il y en a huit seulement.
Il y en a neuf seulement.

Je voudrais neuf boutons.
Je voudrais dix enveloppes.

Il y en a huit seulement.
Il y en a neuf seulement.
Il y en a dix seulement.
Il y en a onze seulement.
Il y en a douze seulement.
Il y en a treize seulement.
Il y en a quatorze seulement.
Il y en a quinze seulement.

Je voudrais neuf boutons.
Je voudrais dix enveloppes.
Je voudrais onze timbres.
Je voudrais douze cartes.
Je voudrais treize billets.
Je voudrais quatorze places.
Je voudrais quinze roses.
Je voudrais seize fleurs.
Ça ne fait rien. Il y en a assez!

NOW YOU KNOW . . .

. . . how to follow the guide (and what he says)
. . . how to say you are choosing something or finishing something
. . . how to ask which thing is being talked about
. . . the names of the days of the week

AU REVOIR! ET TRAVAILLEZ BIEN!

17 Bonne promenade!

(At the market, Guy and Monique are buying food for a picnic.)

Monique	Guy! Vous aimez le jambon?
Guy	Oui.
Monique	Non, pas là. Venez!
La Marchande	Approchez, Messieurs-Dames! Regardez mon jambon! Et mes fromages. (sees Monique) Ah! Mademoiselle Mauget!
Monique	Bonjour, Madame Pujol.
La Marchande	Alors, qu'est-ce que vous voulez aujourd'hui?
Monique	Du jambon.
La Marchande	Vous avez de la chance! Mon jambon est excellent aujourd'hui. Vous en voulez combien? Un kilo, deux kilos?
Monique	Non! C'est trop . . . beaucoup trop.
La Marchande	Ah . . . parce que, d'habitude . . .
Monique	Oui, je sais; d'habitude c'est pour l'hôtel, mais aujourd'hui, c'est simplement pour nous deux.
La Marchande	(interested) Ah, vous voulez manger du jambon avec Monsieur . . . Est-ce que votre ami aime beaucoup le jambon?
Guy	Oui, beaucoup. J'adore la charcuterie.
La Marchande	Alors, votre ami est un homme de goût, Mademoiselle. (to Guy) Monsieur, si vous permettez, je vous serre la main.
Guy	Avec plaisir, Mademoiselle.
La Marchande	(shaking his hand heartily) Madame, malheureusement! (explains) Malheureusement, parce que mon mari n'aime

17

	pas la charcuterie.
Guy	(smiling) Oh, c'est terrible!
La Marchande	Et pourtant, Monsieur, regardez ce pâté! (offering some) Tenez . . . goûtez!
Monique	(tasting it) Excellent!
Guy	En effet . . .
La Marchande	Et ce saucisson . . . (offering salami) Du saucisson comme ça, avec du beurre . . . Hum . . .
Guy	Oh . . . c'est du saucisson à l'ail . . .
La Marchande	Vous ne l'aimez pas?
Guy	Oh, si . . .!
La Marchande	Parce que, si vous n'aimez pas le saucisson à l'ail, j'ai aussi du saucisson ordinaire.
Guy	Non, non, il est excellent.
La Marchande	(to another customer) Vous désirez, Madame? De la charcuterie? J'ai de la charcuterie excellente. (to Monique) Excusez-moi. Les clients! Quelle journée! J'ai un travail aujourd'hui! Mon mari n'est pas là . . . je suis très fatiguée! (to other customer) Alors, Madame, un peu de charcuterie . . . (realises customer has gone) Elle est certainement comme mon mari: elle n'aime pas la charcuterie. Alors, Mademoiselle Mauget, qu'est-ce que vous prenez?
Monique	Eh bien, du jambon; n'est-ce pas, Guy?
Guy	Mais oui, certainement.
La Marchande	Combien?
Monique	Deux tranches, s'il vous plaît.
Guy	(spots some cold pork) Et de la viande froide, s'il vous plaît.
La Marchande	Ah, Monsieur, mon porc froid est excellent!
Guy	Alors, deux tranches.
La Marchande	Deux tranches de jambon; deux tranches de porc . . . Je comprends: vous deux, vous allez piqueniquer ensemble . . .
Monique	Oui . . . nous allons à l'amphithéâtre . . .
La Marchande	Oui, oui, je comprends . . . (with a twinkle) l'archéologie et tout ça – c'est très intéressant! (she laughs)
Monique	Précisément: Monsieur Lambert et moi, nous allons à l'amphithéâtre pour passer la journée.
La Marchande	Ah, oui! Et puis, vous allez peut-être trouver le voleur!
Guy	(laughing) Espérons!
La Marchande	Alors, c'est tout? Vous ne voulez pas un peu de fromage?
Guy	Eh bien, oui . . . j'adore le fromage.
Monique	Alors, on prend du fromage.
La Marchande	Alors, quel fromage? J'ai du Camembert. Un peu de Brie? Choisissez!
Monique	Guy?
Guy	C'est difficile . . . voyons . . . (points) ça, qu'est-ce que c'est?
La Marchande	Ah! Ça, c'est du fromage de Montmirail.
Monique	Alors, on choisit le fromage de Montmirail.
La Marchande	Combien? Comme ça?
Monique	Heu . . . ce n'est pas assez
La Marchande	Comme ça?

Monique	Ah, c'est trop.
La Marchande	Comme ça, alors? (she weighs it)
Monique	Oui, c'est ça. Cent vingt-cinq grammes; ça suffit.
Guy	(to Monique) Et des fruits?
Monique	Ah, c'est vrai! Madame Pujol, nous allons prendre aussi des fruits.

La Marchande	Quels fruits? Nous avons des bananes, des oranges, des poires et des pommes. Et quelles pommes!
Monique	Qu'est-ce que vous choisissez, Guy?
Guy	Non, Monique; choisissez!
Monique	Eh bien, des bananes et des poires.
La Marchande	Combien? Une livre . . . un kilo?
Guy	Une livre, je crois.
La Marchande	(weighing them) Ah, mes bananes sont excellentes, vous savez . . . et bon marché! Regardez ça: deux francs cinquante le kilo.
Monique	Ça, c'est vrai. Ce n'est pas cher.
La Marchande	Et ces poires . . . mûres! . . . comme il faut. (adding an extra one) Encore une . . . et voilà . . . une livre de poires!
Guy	Parfait! Alors, ça fait combien, s'il vous plaît?
La Marchande	Voyons . . . oh, six francs. (Guy pays)
Monique	Oh, et le pain! C'est indispensable!
La Marchande	Oh, mon Dieu! Une baguette?
Monique	C'est ça; on prend une baguette.
Guy	(gives money) Et voilà pour le pain . . . soixante-cinq centimes.
La Marchande	Merci! Au revoir, Messieurs-Dames. Et . . . bonne promenade!

(At the amphitheatre)

Guy	Il est vraiment magnifique, cet amphithéâtre.
Monique	Oh, oui . . .
Guy	(indicating picnic spot) Alors, ici?
Monique	Oui, parfait. C'est magnifique: nous sommes seuls.
Guy	L'archéologue n'est certainement pas ici.
Monique	Non, je ne crois pas. (takes out food) Ah . . . du pain. Vous en voulez Guy?
Guy	J'en ai déjà, merci . . . (catches sight of distant group of tourists) Tiens! Ce n'est pas Vautrin et l'archéologue? (he gets up to investigate)

(Another corner of the amphitheatre)

L'Archéologue	Alors, vous l'avez?
Vautrin	Non. C'est impossible en ce moment.
L'Archéologue	Je sais. (giving parcel to Vautrin) Attention, elle est fragile.
Vautrin	Naturellement. Je vais la porter comme il faut.
L'Archéologue	Deux siècles après Jésus-Christ. Croyez-moi.
Vautrin	Une tête de Romaine, naturellement.

17

L'Archéologue	Oui. Alors, vous avez compris? Mardi à onze heures.
Vautrin	Oui, oui. D'accord.
L'Archéologue	A mardi, alors. (they leave)
	(Guy finds umbrella. It has knife blade in the ferrule)
Guy	(to himself) **Ils travaillent ensemble . . .** (as archaeologist hurries back) **Vous cherchez ce parapluie, Madame?**
L'Archéologue	**Ah! Mon parapluie!**
Guy	(ironically) **Ah! Un parapluie . . . c'est indispensable, n'est-ce pas?**

WORDS AND EXPRESSIONS . . .

la baguette	long thin loaf of bread (lit. stick)	le marchand, la marchande	shop/stallkeeper
la banane	banana	l'orange f	orange
la charcuterie	pork delicatessen	le parapluie	umbrella
le fruit	fruit	la poire	pear
le goût	taste	la pomme	apple
le gramme	gramme	le porc	pork
la journée	day	le saucisson à l'ail	garlic sausage
le kilo	kilo	la tranche	slice
la livre	pound, half kilo		

on	one/we	nous	we, us

bon marché	cheap	mûr	ripe
cher	expensive	ordinaire	ordinary
fragile	fragile, breakable, delicate	seul	alone

approcher	to come near	piqueniquer	to picnic
goûter	to taste	savoir	to know
passer	to spend (time)		

malheureusement	unfortunately	si	yes
pourtant	yet, nevertheless	simplement	simply
précisément	precisely		

cent	100	cent un	101	cent cinq	105	cent dix	110
		deux cents	200	deux cent vingt	220		

avec Monsieur	with the gentleman
avoir de la chance	to be lucky
bonne promenade!	lit. good walk/ride/drive/etc.! : a phrase used to wish someone a pleasant walk/ride/drive/etc.
ça fait combien?	how much does it come to?
ça fait six francs	it comes to six francs
ça suffit!	that's enough!
c'est indispensable!	you can't do without it! (lit. it's indispensable)
comme il faut	just right/properly
je crois	I think (so)
j'ai un travail, aujourd'hui!	I have/there is an awful lot of work today!

laissez!	don't bother!
pour nous deux	for the two of us
quelle journée!	what a day!
tenez!	take this!
jè vous serre la main	I shake your hand/I'll shake hands with you

... COMMENTS ...

One kilo (2.2 lb., approximately 2 lb. 3 oz.) is divided into 1,000 grammes (1 gramme = .035 oz.). It is usual to measure bulkier foodstuffs by the kilo or half kilo **(la livre)** and the less bulky ones by the 125 or 100 grammes (100 grammes = 3.5 oz.). **Kilo** is abbreviated to **kg** and **gramme** to **g**.
French bread is generally sold in the shape of sticks; these may be long and thin **(la baguette, la flûte)**, or thinner still **(la ficelle)**; or, alternatively, short, thick, and somewhat heavier **(le bâtard)**.

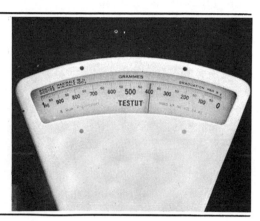

... HOW WE SAY THEM ...

The nasal sound represented by the letters **in** in **vin, vingt, enfin, quinze,** etc., and **im** in **simple, timbre, impossible,** etc., may also be found spelt **ein** or **ain**: **frein, plein, pain, demain, maintenant.** It is also found represented by the letters **en** especially in the group **ien: bien, rien, mien, combien,** although generally, the letters **en** represent a different sound: **content** and **patient** rhyme with French **croissant** (see page 64).
Some Frenchmen make a separate sound for **un** –in **un,** quelqu'**un,** lu**n**di, empru**n**ter – but it is so similar to that represented by **in** as to be practically indistinguishable from it.

... HOW WE USE THEM ...

Ce saucisson	n'est pas	cher.	Note the feminine form of **cher**.
Cette viande		chère.	

Mon saucisson	est		Note that **bon marché** is invariable.
Ma viande		bon marché.	
Mes bananes	sont		

Vous allez piqueniquer ensemble? Choisissez, Messieurs-Dames! C'est pour vous deux?	Note that in addressing more than one person, **vous** and the 'vous' form of the verb are used.
Tu préfères rester ici, Maman? Oui; et vous, vous y allez ensemble?	This also applies when talking to more than one person, using the familiar form of address.

17

J'aime
Nous aimons beaucoup cette église.

The plural of **je** is **nous** 'we'

Ce n'est pas pour moi?
nous?

The plural of **moi** is also **nous** 'us'.

Vous achetez des cartes?
Oui, nous en achetons quatre.

Vous choisissez ces fleurs, Messieurs?
Nous choisissons ces roses.

With few exceptions, it is possible to arrive at the '**nous**' form of a verb by substituting **ons** for the **ez** ending of the '**vous**' form.*

Vous allez au musée, aujourd'hui?
Nous y allons demain.

Vous le prenez à huit heures?
Nous le prenons à huit heures et demie.

Vous êtes trois, Messieurs?
Oui, nous sommes trois.

Two important exceptions are **être** and **faire**. Note that the **fai** of **faisons** rhymes with French **le**.

Vous faites la cuisine?
Nous faisons la cuisine.

* Note: Although spelling changes occur with verbs that end in **cer** and **ger** in the infinitive, the pronunciation stays unchanged: **commencez, commençons; avancez, avançons; mangez, mangeons; échangez, échangeons.**

Vous allez peut-être trouver le voleur!
Espérons!

Espérons! let's hope (so)!
In the '**nous**' form of the imperative, the **nous** is not expressed. Note its English equivalent.

C'est par là?
          entre
Oui. On passe   par là.
          monte

on one

On achète des oranges?
On va à l'amphithéâtre?

'shall we buy some oranges?'
'shall we go to the amphitheatre?'

Note that **on** can be used with the sense of 'we'.

Vous l'aimez?
Oui. Je l'aime beaucoup.

When contradicting a negative question, the word for 'yes' is not **oui** but **si**.

Vous ne l'aimez pas?
Si. Je l'aime beaucoup.

Qu'est-ce que vous désirez savoir?

savoir to know

Vous savez comment y aller?
Ah, non; je ne sais pas.

Il sait
Ils savent quelque chose . . .

Remember these forms of the verb **savoir.**

Cent.
Cent grammes.
Deux cents.
Deux cents grammes.
Deux cent dix grammes.
Deux cent cinquante francs.

Cent 100. Notice that **cent** adds **s** when it is used in the plural,

unless it is followed by another numeral.

17

C'est quel jour, aujourd'hui ?
Un visiteur reste un jour, deux jours . . .

Nous allons passer la journée à l'amphithéâtre.
Quelle journée !

jour = day, considered as a whole, as a unit of time.

journée = day, considered as a stretch of time.

. . . AND NOW SOME PRACTICE !

●
Nous en réservons trois.
Nous en achetons six.

Nous en réservons trois.
Nous en achetons six.
Nous en réservons deux.
Nous en achetons cinq.
Nous en réservons quatre.
Nous en achetons huit.
Nous en réservons deux.
Nous en achetons trois.

Vous réservez deux chambres ?
Vous achetez cinq billets ?

Vous réservez deux chambres ?
Vous achetez cinq billets ?
Vous réservez une table ?
Vous achetez quatre cartes ?
Vous réservez trois places ?
Vous achetez sept oranges ?
Vous réservez une chambre ?
Vous achetez deux bouteilles ?
Amusez-vous bien !

●
Mais si, je reste !
Mais si, je monte !

Mais si, je reste !
Mais si, je monte !
Mais si, je mange !
Mais si, je regarde !
Mais si, j'écoute !
Mais si, je travaille !
Mais si, je pousse !
Mais si, j'essaie !

Vous ne restez pas ?
Vous ne montez pas ?

Vous ne restez pas ?
Vous ne montez pas ?
Vous ne mangez pas ?
Vous ne regardez pas ?
Vous n'écoutez pas ?
Vous ne travaillez pas ?
Vous ne poussez pas ?
Vous n'essayez pas ?
Excusez-moi !

Je préfère ne pas en avoir.
Je préfère ne pas en acheter.

Je préfère ne pas en avoir.
Je préfère ne pas en acheter.
Je préfère ne pas en prendre.
Je préfère ne pas en manger.
Je préfère ne pas en avoir.
Je préfère ne pas en acheter.
Je préfère ne pas en prendre.
Je préfère ne pas en manger.

Vous n'avez pas de voiture ?
Vous n'achetez pas de cigarettes ?

Vous n'avez pas de voiture ?
Vous n'achetez pas de cigarettes ?
Vous ne prenez pas de whisky ?
Vous ne mangez pas de fromage ?
Vous n'avez pas de briquet ?
Vous n'achetez pas de charcuterie ?
Vous ne prenez pas de vin ?
Vous ne mangez pas de saucisson à l'ail ?
Il est pourtant excellent !

17

Nous y allons jeudi.
Nous y allons vendredi.

Nous y allons jeudi.
Nous y allons vendredi.
Nous y allons samedi.
Nous y allons dimanche.
Nous y allons lundi.
Nous y allons mardi.
Nous y allons mercredi.
Nous y allons jeudi.

Vous allez au restaurant ?
Vous allez visiter le musée ?

Vous allez au restaurant ?
Vous allez visiter le musée ?
Vous allez au garage ?
Vous allez visiter l'église ?
Vous allez à l'agence ?
Vous allez visiter le château ?
Vous allez au cinéma ?
Vous allez visiter l'amphithéâtre ?
Vous allez y piqueniquer ?

● Qu'est-ce que vous prenez ?
Qu'est-ce que vous attendez ?

Qu'est-ce que vous prenez ?
Qu'est-ce que vous attendez ?
Qu'est-ce que vous prenez ?
Qu'est-ce que vous attendez ?
Qu'est-ce que vous prenez ?
Qu'est-ce que vous attendez ?
Qu'est-ce que vous prenez ?
Qu'est-ce que vous attendez ?

Je prends un whisky.
J'attends un taxi.

Je prends un whisky.
J'attends un taxi.
Je prends une vodka.
J'attends l'autobus.
Je prends un cognac.
J'attends l'heure d'ouverture.
Je prends un vermouth.
J'attends mon petit déjeuner.
Mon petit déjeuner !

Si ; je suis seul. Pourquoi ?
Si ; nous sommes seuls. Pourquoi ?

Si ; je suis seul. Pourquoi ?
Si ; nous sommes seuls. Pourquoi ?
Si ; je suis prêt. Pourquoi ?
Si ; nous sommes prêts. Pourquoi ?
Si ; je suis content. Pourquoi ?
Si ; nous sommes contents. Pourquoi ?
Si ; je suis fatigué. Pourquoi ?
Si ; nous sommes fatigués. Pourquoi ?

Vous n'êtes pas seul, Monsieur ?
Vous n'êtes pas seuls, Messieurs ?

Vous n'êtes pas seul, Monsieur ?
Vous n'êtes pas seuls, Messieurs ?
Vous n'êtes pas prêt, Monsieur ?
Vous n'êtes pas prêts, Messieurs ?
Vous n'êtes pas content, Monsieur ?
Vous n'êtes pas contents, Messieurs ?
Vous n'êtes pas fatigué, Monsieur ?
Vous n'êtes pas fatigués, Messieurs ?
Voilà deux fauteuils !

Ça fait combien ?
Ça fait combien ?

Ça fait deux francs.
Ça fait deux francs cinq.

Ça fait combien ?
Ça fait combien ?
Ça fait combien ?

Ça fait deux francs.
Ça fait deux francs cinq.
Ça fait deux francs dix.
Ça fait deux francs quinze.
Ça fait deux francs vingt.
Ça fait deux francs vingt-cinq.
Ça fait deux francs trente.
Ça fait deux francs trente-cinq.

Ça fait combien ?
Ça fait combien ?
Ça fait combien ?
Ça fait combien ?
Ça fait combien ?
Ça fait combien ?
Ça fait combien ?
Voilà deux francs cinquante.

Je préfère le chercher maintenant.
Je préfère la choisir maintenant.

Alors, cherchons-le tout de suite !
Alors, choisissons-la tout de suite !

Je préfère le chercher maintenant.
Je préfère la choisir maintenant.

Alors, cherchons-le tout de suite !
Alors, choisissons-la tout de suite !
Alors, réparons-la tout de suite !
Alors, remplissons-les tout de suite !
Alors, essayons-les tout de suite !
Alors, finissons-le tout de suite !
Alors, demandons-la tout de suite !
Alors, choisissons-les tout de suite !

Je préfère la réparer maintenant.
Je préfère les remplir maintenant.
Je préfère les essayer maintenant.
Je préfère le finir maintenant.
Je préfère la demander maintenant.
Je préfère les choisir maintenant.
Voilà un magasin !

●
Oui . . . On demande ensemble ?
Oui . . . On écoute ensemble ?

Vous voulez demander ?
Vous voulez écouter ?

Oui . . . On demande ensemble ?
Oui . . . On écoute ensemble ?
Oui . . . On regarde ensemble ?
Oui . . . On entre ensemble ?
Oui . . . On mange ensemble ?
Oui . . . On piquenique ensemble ?
Oui . . . On travaille ensemble ?
Oui . . . On pousse ensemble ?

Vous voulez demander ?
Vous voulez écouter ?
Vous voulez regarder ?
Vous voulez entrer ?
Vous voulez manger ?
Vous voulez piqueniquer ?
Vous voulez travailler ?
Vous voulez pousser ?
Voilà ! Elle marche !

NOW YOU KNOW . . .

. . . how to say you are doing something when there
     are several of you
. . . how to talk to more than one person at a time
. . . how to shop for a picnic
. . . how to contradict someone

AU REVOIR ! ET BONNE PROMENADE !

18 Vous ne pouvez pas vous tromper!

(The secretary at the Tourist Information Office is giving a visitor directions for the amphitheatre, referring to a street plan.)

La Secrétaire   (pointing) **C'est ça, nous sommes là! Et pour l'amphi-théâtre, vous traversez la place – la place du musée. C'est tout près. Voilà le musée. Il y a un café au coin. Vous traversez la place et vous tournez à gauche. Et puis, vous prenez la première à droite: c'est la route de Paris; et puis, la première rue à gauche et alors, l'amphithéâtre est là. C'est bien simple: vous ne pouvez pas vous tromper.** (Monique and Guy come in) (to Monique) **Ah, Monique!**

Monique   **Bonjour, Suzanne! Continuez.** (To Guy) **C'est la secrétaire du Syndicat d'Initiative. C'est une amie. Elle est très aimable; et elle connaît tout.**

Guy   **Vraiment?**

Monique   **Elle connaît tous les monuments de la région, tous les hôtels, toutes les agences de voyages. Et puis, elle connaît tout le monde.**

Guy   **C'est excellent pour nous.**

La Secrétaire   (answering visitor) **Oui, si vous voulez; vous pouvez prendre l'autobus . . . parce que . . . c'est assez loin. Tous les autobus passent devant la place Montfort. Tenez, vous avez les numéros sur ce dépliant.** (shows leaflet) **Le numéro dix-sept, le numéro dix-huit et le numéro dix-neuf.**

Guy   (examining replica of head among other souvenirs on

	show) C'est vraiment une excellente copie. Est-ce qu'il est possible d'acheter des souvenirs ici ?
Monique	Je ne crois pas. Mais on peut demander des renseignements, des plans, des cartes de la région, des dépliants . . . Regardez tous ces dépliants.
Guy	Est-ce que votre amie organise aussi des excursions ?
Monique	Non. Ce n'est pas le travail du Syndicat d'Initiative. Mais tenez, ce dépliant donne des renseignements sur toutes les excursions possibles.
La Secrétaire	(calling to visitor as she leaves) Le château est ouvert tous les vendredis et tous les dimanches, de neuf heures à dix-huit heures. (to Monique) Excusez-moi. Les touristes, vous comprenez . . .
Monique	Suzanne, je vous présente Guy Lambert, un ami. Guy, Suzanne Miguel.
Suzanne	Monsieur.
Guy	Mademoiselle. Vous connaissez bien Montmirail et les habitants de Montmirail . . .
Suzanne	Oui . . . je connais tout le monde, je crois.
Guy	Et les touristes ?
Suzanne	Ah ça . . . pas tous.
Guy	Je voudrais . . . heu . . . c'est difficile . . . (to Monique) Est-ce que je peux poser ma question à Mademoiselle Miguel ?
Monique	Mais oui. (to Suzanne) Suzanne, Guy est un ami. Il est à Montmirail pour le plaisir . . . mais aussi pour travailler un peu. Il cherche le voleur.
Suzanne	Ce n'est pas possible ! Mais alors, il est détective !
Monique	Oui, mais c'est un secret.
Suzanne	Mais, c'est très intéressant.
Guy	(to Suzanne) Est-ce que vous connaissez une femme un peu bizarre: une archéologue . . .
Suzanne	Ah, Mademoiselle Verdurin ! Oui, je la connais ! Elle est très drôle ! C'est une femme remarquable. Elle connaît tout !
Guy	(drily) Oui; mais les antiquités l'intéressent un peu trop.
Suzanne	Qu'est-ce que vous voulez dire ?
Guy	Cette femme est suspecte.
Suzanne	(taken aback) Ça, par exemple ! Non ! Après tout . . . (considering) c'est peut-être vrai . . . Elle pose sans arrêt des questions sur les monuments de Montmirail . . .
Guy	Sur l'amphithéâtre . . . ?
Suzanne	Oui; et sur le musée. Et aussi des questions sur tout le monde: sur la marquise de Montmirail, sur le maire, sur le guide . . .
Guy	Sur le guide ?
Suzanne	Oui; et aussi sur vous.
Guy	Sur moi ?
Suzanne	Oui . . . Elle est souvent ici; tout l'intéresse. Elle laisse toujours des livres, des . . .
Guy	(interrupting) Des livres ? Où sont-ils ?
Suzanne	Ils sont tous là. Dans le placard.

18

Guy	Vous permettez ? (goes to cupboard)
Suzanne	Heu . . . oui.
Monique	Est-ce qu'elle pose des questions sur la tête de Vénus ?
Suzanne	Oh, oui; beaucoup.
Guy	(remembering time) Oh, mon Dieu! Quatre heures! Mademoiselle, je voudrais téléphoner à Paris.
Suzanne	Mais certainement. Quel numéro ?
Guy	Louvre dix-huit, dix-neuf. En P.C.V. s'il vous plaît.
Suzanne	Louvre dix-huit, dix-neuf! C'est un numéro facile!
Guy	Oui, en effet.
Suzanne	(on 'phone) Ici, le vingt à Montmirail. Je voudrais Louvre dix-huit, dix-neuf à Paris, s'il vous plaît, Mademoiselle. En P.C.V. . . . Bien Mademoiselle. (puts down receiver) (to Guy) Deux ou trois minutes.
Guy	Merci beaucoup, Mademoiselle.
Suzanne	Alors, ces livres ?
Guy	Eh bien . . .
	(He is interrupted by arrival of Alain Laforge)
Alain	Bonjour, Mademoiselle. Bonjour, Monsieur Lambert. Qu'est-ce que vous faites ici ? Vous voulez visiter Montmirail ?
Monique	Heu . . . nous . . .
Alain	Moi, je veux visiter l'amphithéâtre.
Monique	Comment ? Vous ne connaissez pas l'amphithéâtre ?
Alain	Non. Est-ce qu'il est ouvert tous les jours ?
Suzanne	Oui; mais il n'y a pas de visites tous les jours. Les visites sont le mardi et le samedi. Monique, les dépliants sont près de vous . . .
Monique	Ah . . . (picks up wrong one) Ce n'est pas ça.
Alain	Qu'est-ce que c'est ?
Monique	(reading) Excursion accompagnée, Montmirail-Marseille.
Alain	Oh, c'est intéressant. Je voudrais aller à Marseille. Il y a une excursion tous les jours ?
Suzanne	Non. Le dimanche seulement.
Monique	(reading) Départ tous les dimanches à huit heures. Arrivée à Marseille à midi; retour à Montmirail à vingt heures.
Alain	Très bien. (to Suzanne) Je peux prendre ce dépliant ?
Suzanne	Certainement.
Monique	(picking up Montmirail leaflet) Voilà le dépliant sur l'amphithéâtre. Amphithéâtre de Montmirail: ouvert tous les jours de neuf heures à dix-neuf heures. Visites guidées le mardi et le samedi à quatorze heures, quinze heures, seize heures, dix-sept heures et dix-huit heures.
Alain	Et le dimanche ?
Monique	Le dimanche . . . rien.
	('Phone rings)
Guy	C'est peut-être pour moi. (takes 'phone) Guy Lambert à l'appareil. Bonjour, patron. (he turns away)
Alain	Mademoiselle, je suis ravi de vous voir.
Monique	Vous êtes très aimable, Monsieur.
Alain	Mademoiselle . . . mon enquête, ça marche.

Monique	Vraiment?
Alain	Oui; mais c'est une affaire compliquée, Mademoiselle. Je voudrais travailler avec vous.
Monique	Heu . . . Ce n'est pas facile. J'ai mon travail . . .
Alain	Je vous en prie, travaillons ensemble! Vous connaissez beaucoup de choses.
Monique	Mais . . .
Alain	Tenez, regardez. Voilà une liste de noms.
Monique	Oui . . .
Alain	J'observe toutes ces personnes. Elles sont suspectes.
Monique	Vraiment?
Alain	Je vais donner toute cette liste à la police.
Monique	(glancing at it) Mon nom n'est pas là, j'espère!
Alain	Non. Mais il y a le nom de personnes 'comme il faut'.
Monique	(sees Guy's name) Comment? Vous plaisantez! (Guy finishes 'phone call)
Alain	(changing subject) A propos, où est l'agence de voyages?
Suzanne	Vous traversez la place; vous tournez à droite dans la rue du Commerce, vous allez tout droit et vous prenez la quatrième rue à gauche.
Alain	La quatrième.
Suzanne	La première, c'est la rue Gambetta; la deuxième, la rue Royale; la troisième, la rue de la République; et la quatrième, c'est le boulevard d'Alsace-Lorraine. L'agence est là, sur la place Montfort, à votre gauche. Vous ne pouvez pas vous tromper.
Guy	Vous quittez Montmirail?
Alain	Non. Pas moi. C'est un client de l'hôtel, Monsieur Vautrin.
Guy	(surprised) Ah, oui?
Monique	Comment? Il va quitter l'hôtel?
Alain	Oui.

WORDS AND EXPRESSIONS . . .

l'arrivée f	arrival	la question	question
l'avenue f	avenue	la région	district, region
le boulevard	boulevard	le renseignement	(piece of) information
la carte	map		
le coin	corner	le retour	return
le départ	departure	la route	road
le détective	detective	le/la secrétaire	secretary
l'enquête f	inquiry, investigation	le syndicat d'initiative	tourist information centre
l'excursion f	excursion, tour		
le nom	name		
dernier	last	ravi	delighted
deuxième	second	suspect	suspect, under suspicion
drôle	peculiar, funny		
premier	first	tout, tous, toute(s)	all
quatrième	fourth	troisième	third
connaître	to know	traverser	to cross
organiser	to organise, to arrange	je veux	I want

18

dix-sept 17   dix-huit 18   dix-neuf 19

ah ça . . . pas tous!	not all of them!
Guy Lambert à l'appareil	Guy Lambert speaking (lit.: on the 'phone)
à votre droite/gauche	on your right/left
ça, par exemple!´	well I never!/well, would you believe it?
ce n'est pas ça	that's not it
comme il faut	respectable/correct
en P.C.V.	(pronounced **pécévé**) reverse charge
une excursion accompagnée	a conducted tour/excursion
ici, le vingt à Montmirail	(on 'phone) this is Montmirail 20
je suis ravi de vous voir	I'm delighted to see you
poser une question (à quelqu'un) (sur quelque chose)	to ask (someone) a question (about something)
pour tous renseignements, s'adresser ici	enquiries!
tous les jours	every day
tout droit	straight on
une visite guidée	a guided tour
vous ne pouvez pas vous tromper!	you can't go wrong!, you can't miss it!

. . . COMMENTS . . .

Practically all French towns and holiday resorts have their tourist information centre — **le Syndicat d'Initiative** — part of a public service organisation which provides information useful to the tourist, including details of organised tours and excursions to places of interest in the vicinity. It also issues a list of available accommodation in hotels and pensions.

Where it is necessary to quote a telephone number, only Paris numbers, of the fully automatic exchanges, run into seven figures. In this case, the three figures at the front are treated together as one unit; the remainder are read out in pairs. Thus 120.18.19 becomes **le cent vingt, dix-huit, dix-neuf à Paris.** The division between these units is marked by a full stop.

Where exchanges are fully automatic in the provinces, telephone numbers tend to run to six figures, which pair off neatly. Thus Limoges 25.31.12 becomes **le vingt-cinq, trente et un, douze à Limoges.** However, in small towns like Montmirail, it is still necessary to ask the operator for a number. Numbers in this case will usually run into two or at the most three figures, and are treated as a single unit. Thus, Montmirail 20 becomes **le vingt à Montmirail,** and Montmirail 220 becomes **le deux cent vingt à Montmirail.**

. . . HOW WE SAY THEM . . .

Note the nasal sound represented by the letters **an** in:

dans   **devan**t   **maintenan**t   **ma**n**ge**   **gran**de   **intéressan**te.

This same sound may also be found spelt:

am   as in   **jam**bon   **jam**be   **cham**bre,
en   as in   **en**   **con**tent   **excellen**t   **agen**ce   **pren**dre,
em   as in   **rem**plir   **ensem**ble.

The x of **dix** is pronounced as **s** in **dix-sept,** and as **z** in **dix-huit** and **dix-neuf.**

...HOW WE USE THEM...

un	premier
deux	deuxième
trois	troisième
six	sixième
sept	septième
dix	dixième
vingt	vingtième
vingt et un(e)	vingt et unième
cent	centième

Note that all that is required to turn numbers into adjectives is to add **–ième** to the number. Only **premier** does not follow this rule.

quatre	quatrième
onze	onzième
cinq	cinquième
neuf	neuvième

When the number ends in **e**, this e disappears; with **cinq**, a **u** is added; with **neuf**, the **f** changes to **v**.

Le premier arrêt
La première rue } à gauche.

Le deuxième arrêt
La deuxième rue } à droite.

Le dernier arrêt
La dernière rue } à gauche.

Note the feminine form of **premier** and **dernier**, whereas those adjectives ending in **–ième** remain unchanged.

On finit { tout le saucisson?
tous les sandwichs?

On visite { toute la ville?
toutes les églises?

Les livres? Ils sont tous là.

Il y a une excursion { tous les jours.
toutes les semaines.

tout all. Note the forms of this adjective.

The **s** of **tous** is pronounced when **tous** is not used with a noun.

tous les jours every day
toutes les semaines every week
Note these expressions.

Je veux
Je voudrais } visiter le château.

je veux I want
je voudrais I would like

Vous savez où est le restaurant?
Ah non, je ne sais pas . . .

savoir to know, in the sense of having knowledge of something.

Vous connaissez ce restaurant?
Oui, je le connais. Il est très bien.

connaître to know, in the sense of being acquainted with someone or something.

When talking about the present, the forms of **connaître** are as follows:

je connais	(tu connais)	il/elle connaît
nous connaissons	vous connaissez	ils/elles connaissent

18

...AND NOW SOME PRACTICE!

●
A cette heure, Madame, tous les magasins sont fermés.
A cette heure, Monsieur, toutes les agences sont ouvertes.

Le magasin est fermé ?
L'agence est ouverte ?

A cette heure, Madame, tous les magasins sont fermés.
A cette heure, Monsieur, toutes les agences sont ouvertes.
A cette heure, Madame, tous les cafés sont ouverts.
A cette heure, Monsieur, toutes les églises sont fermées.
A cette heure, Madame, tous les cinémas sont fermés.
A cette heure, Monsieur, toutes les pharmacies sont ouvertes.
A cette heure, Madame, tous les restaurants sont ouverts.
A cette heure, Monsieur, toutes les agences sont fermées.

Le magasin est fermé ?
L'agence est ouverte ?
Le café est ouvert ?
L'église est fermée ?
Le cinéma est fermé ?
La pharmacie est ouverte ?
Le restaurant est ouvert ?
L'agence est fermée ?
Ah, ça par exemple !

Oui, je voudrais le visiter tout de suite.
Je préfère ne pas le visiter maintenant.

Vous allez visiter le musée ?
Et le château ?

Oui, je voudrais le visiter tout de suite.
Je préfère ne pas le visiter maintenant.
Oui, je voudrais l'acheter tout de suite.
Je préfère ne pas l'acheter maintenant.
Oui, je voudrais le goûter tout de suite.
Je préfère ne pas le goûter maintenant.
Oui, je voudrais le manger tout de suite.
Je préfère ne pas le manger maintenant.

Vous allez visiter le musée ?
Et le château ?
Vous allez acheter le plan ?
Et le guide ?
Vous allez goûter le vin blanc ?
Et le vin rouge ?
Vous allez manger le fromage ?
Et le gâteau ?
Il est pourtant excellent !

●
Ils y sont tous ?
Ah . . . Où est le troisième ?

Voilà les verres.
Il y en a deux.

Ils y sont tous ?
Ah . . . Où est le troisième ?

Voilà les verres.
Il y en a deux.

Elles y sont toutes ?
Ah . . . Où est la quatrième ?

Voilà les assiettes.
Il y en a trois.

Ils y sont tous ?
Ah . . . Où est le cinquième ?

Voilà les œufs.
Il y en a quatre.

Elles y sont toutes ?
Ah . . . Où est la sixième ?

Voilà les poires.
Il y en a cinq.
Dans votre sac, je crois . . .

●
Oui, je la connais.
Oui, je sais.

Oui, je la connais.
Oui, je sais.
Oui, je le connais.
Oui, je sais.
Oui, je le connais.
Oui, je sais.
Oui, je le connais.
Oui, je sais.

Vous connaissez cette église?
C'est une église intéressante . . .

Vous connaissez cette église?
C'est une église intéressante . . .
Vous connaissez ce musée?
C'est un musée remarquable . . .
Vous connaissez ce cinéma?
Il est très grand . . .
Vous connaissez ce restaurant?
Il est vraiment excellent . . .
On y va?

Tous ces briquets sont solides!
Toutes ces excursions sont intéressantes!

Tous ces briquets sont solides!
Toutes ces excursions sont intéressantes!
Tous ces imperméables sont longs!
Toutes ces bananes sont mûres!
Tous ces parapluies sont solides!
Toutes ces robes sont longues!
Tous ces livres sont intéressants!
Toutes ces poires sont mûres!

Il est solide, ce briquet?
Elle est intéressante, cette excursion?

Il est solide, ce briquet?
Elle est intéressante, cette excursion?
Il est long, cet imperméable?
Elle est mûre, cette banane?
Il est solide, ce parapluie?
Elle est longue, cette robe?
Il est intéressant, ce livre?
Elle est mûre cette poire?
Alors quatre poires, s'il vous plaît.

Qu'est-ce que vous cherchez?
Qui est-ce que vous cherchez?

Qu'est-ce que vous cherchez?
Qui est-ce que vous cherchez?
Qu'est-ce que vous prenez?
Qui est-ce que vous attendez?
Qu'est-ce que vous empruntez?
Qui est-ce que vous observez?
Qu'est-ce que vous savez?
Qui est-ce que vous connaissez?

Je cherche le Syndicat d'Initiative.
Je cherche la secrétaire.

Je cherche le Syndicat d'Initiative.
Je cherche la secrétaire.
Je prends un dépliant.
J'attends un ami.
J'emprunte une carte.
J'observe l'archéologue.
Je sais quelque chose.
Je connais le guide.
Le guide: c'est un ami.

●
Oui; ils sont tous sur la table.
Elle sont toutes dans le placard.

Oui; ils sont tous sur la table.
Elles sont toutes dans le placard.
Oui; ils sont tous sur la table.
Elles sont toutes dans le placard.
Oui; ils sont tous sur la table.
Elles sont toutes dans le placard.
Oui; ils sont tous sur la table.
Elles sont toutes dans le placard.

Les verres sont là ?
Et les carafes ?

Les verres sont là ?
Et les carafes ?
Les plats sont là ?
Et les assiettes ?
Les couteaux sont là ?
Et les fourchettes ?
Les cendriers sont là ?
Et les bouteilles ?
Vous avez la clef du placard ?

Il est quinze heures quinze.

Vous avez l'heure exacte ?

Il est seize heures seize.

Vous avez l'heure exacte ?

Il est dix-sept heures dix-sept.

Vous avez l'heure exacte ?

Il est dix-huit heures dix-huit.

Vous avez l'heure exacte ?

Il est dix-neuf heures dix-neuf.

Vous avez l'heure exacte ?

Il est vingt heures vingt.

Vous avez l'heure exacte ?

Il est vingt et une heures vingt et une.

Vous avez l'heure exacte ?

Il est vingt-deux heures vingt-deux.

Vous avez l'heure exacte ?
Déjà !

NOW YOU KNOW . . .

. . . there are two ways of saying 'I know . . .'
. . . where to go for information when in France
. . . how to ask for directions in a town — and
understand them
. . . how to make a telephone call from a private
number, and reverse the charge!

AU REVOIR! ET TRAVAILLEZ BIEN!

19 Je suis pressé!

(At the travel agency.)

L'Employée de l'Agence (answering 'phone) Ici, le trente et un à Montmirail. Oui, Madame. Une petite minute: je prends l'horaire des trains. Alors, vous voulez aller à Marseille. A quelle heure, Madame? Alors, vous avez un train le matin, à onze heures et demie à Courthézon. C'est tout près. Non, Madame, il n'y a pas de gare à Montmirail. Vous changez à Avignon et vous arrivez à Marseille à quatorze heures, c'est-à-dire à deux heures de l'après-midi. Oui; vous avez la correspondance presque tout de suite à Avignon. Deux heures, c'est trop tôt . . . ? Eh bien, vous avez un autre train à seize heures trente, c'est-à-dire à quatre heures et demie. Mais vous attendez longtemps à Avignon . . . trois heures! Avec ce train, vous arrivez à Marseille tard le soir. (she checks) Vous arrivez à vingt et une heures, c'est-à-dire à neuf heures. Bien, Madame. Alors, deux places. Quand exactement? (making a note) Demain; demain matin à onze heures et demie. Vous êtes Madame . . . ? Madame Vidal. Aujourd'hui, nous sommes lundi: alors, deux places pour Marseille, pour le mardi vingt-trois juillet. Bien. Je vais préparer le billet tout de suite. Avec plaisir, Madame. A tout à l'heure, Madame. (she rings off) (To Vautrin, who has been waiting) Excusez-moi, Monsieur: nous avons beaucoup de travail en ce moment. Les vacances, vous savez . . .

la correspondance - connection

19

Vautrin	(abruptly — he seems agitated) Il y a beaucoup d'avions pour la Suisse ?

L'Employée	Pour la Suisse ? Mais, Monsieur, l'aéroport est à Marseille-Marignane !
Vautrin	(impatient) Naturellement, je sais … Il n'y a pas d'aéroport à Montmirail !
L'Employée	Un aéroport à Montmirail … ! (she laughs) Un jour, peut-être …
Vautrin	(cutting in) Alors, les avions pour la Suisse ?
L'Employée	Eh bien, d'abord vous prenez le train à Courthézon.
Vautrin	Je sais, je sais. Mais à quelle heure les avions pour la Suisse ?
L'Employée	(slightly flustered, picks up wrong timetable) Oh … ce n'est pas ça. Pardon ! Ah, voilà l'horaire. Allons bon ! Je me trompe encore ! Excusez-moi, Monsieur.
Vautrin	Qu'est-ce que vous faites ?
L'Employée	(finds right one) Ah, le voilà ! Alors … Marseille-Genève … Eh bien, vous avez un avion à midi.
Vautrin	(looks at watch) Trop tard; il est déjà onze heures. Et après ?
L'Employée	Il y a un autre avion à dix-huit heures.
Vautrin	(fuming) A dix-huit heures ? Mais si je prends le train de seize heures trente, j'arrive à Marseille trop tard.
L'Employée	Eh oui; vous avez raison: le train arrive à vingt et une heures.

· 21hrs   9pm

Vautrin	Ce n'est pas possible ! Il n'y a rien d'autre ?
L'Employée	Eh non; malheureusement, c'est tout: deux vols par jour.
Vautrin	Et à Marseille, où est l'aéroport ? Loin de l'aérogare ?
L'Employée	Comme partout; l'aérogare est dans la ville, et l'aéroport est à l'extérieur. Vous prenez un car pour aller à l'aéroport.
Vautrin	Quelle affaire !
L'Employée	Vous voulez vraiment arriver à Genève aujourd'hui ?
Vautrin	Oui !
L'Employée	Si vous voulez attraper le prochain avion, prenez le prochain train tout de suite, à onze heures et demie. Ou, si vous voulez, prenez le train de seize heures trente, et passez la nuit à Marseille.
Vautrin	Non, ce n'est pas possible.
L'Employée	Vous pouvez peut-être prendre un taxi pour aller à Marseille.
Vautrin	Ah, ça, c'est une idée. ('phone rings)
L'Employée	Excusez-moi, Monsieur. (picks up 'phone) Ici, le trente et un à Montmirail. (the caller is Guy; she listens and glances at Vautrin)
Guy	(at other end) Oui, c'est un ami.
L'Employée	Si vous voulez, vous pouvez parler à ce monsieur.
Guy	(stopping her quickly) Non, non ! Je vous en prie. Je ne peux pas expliquer pourquoi; c'est un secret.
L'Employée	Bien, Monsieur.
Guy	Est-ce que vous connaissez son nom ?
L'Employée	Non.
Guy	Il n'est pas très grand …

L'Employée   (glancing again at Vautrin) **Non.**
Guy   **Ses cheveux sont bruns . . .**
L'Employée   **Heu . . . oui . . . je crois.**
Guy   **Est-ce qu'il y a une femme avec lui ?**
L'Employée   **Non.**
Guy   **Est-ce qu'il prend un billet pour Genève ?**
L'Employée   **Oui et non . . .**
Guy   **Est-ce qu'il quitte Montmirail ?**
L'Employée   **Heu . . . oui et non.**
Guy   **Il prend l'avion pour la Suisse ?**
L'Employée   **Heu . . . oui; peut-être.**
Guy   **Est-ce qu'il a une valise ?**
L'Employée   **Oui.**
Guy   **Bon. Parlez avec lui, parlez, parlez . . . j'arrive.** (rings off)
L'Employée   (stunned) **Au revoir, Monsieur.**
Vautrin   (to himself) **Oui. Non. Oui et non. Oui. Non. Quelle conversation! Bizarre . . .**

(Rushing along the street, Guy almost collides with the vicar.)
Guy   **Tiens . . . Bonjour, Monsieur le curé.**
Le Curé   **Monsieur Lambert! Je suis ravi de vous voir.**
Guy   **Moi aussi, Monsieur le curé.**
Le Curé   **Alors, Monsieur Lambert, l'enquête avance ?**
Guy   **Oui et non.**
Le Curé   **Parce que moi, je fais ma petite enquête et mon enquête avance.**
Guy   **Bravo!** (wanting to get away) **Si vous permettez, je suis pressé . . .**
Le Curé   **Monsieur Lambert, il y a à Montmirail en ce moment deux personnes remarquables. Un homme et une femme.**
Guy   **Oui . . .**
Le Curé   **Lui, il est professeur et elle, elle est archéologue.**
Guy   (now interested) **Monsieur Vautrin et Mademoiselle Verdurin ?**
Le Curé   **Vous les connaissez ?**
Guy   **Oui.**
Le Curé   **Ils sont remarquables tous les deux. Et le trésor de l'église les intéresse beaucoup. Ils posent des questions sur tout. Heureusement, je connais les réponses! Monsieur Vautrin cherche des renseignements sur les trésors secrets de l'église. Et j'ai là un livre pour lui.** (shows book under his arm)
Guy   **Et Mademoiselle Verdurin ?**
Le Curé   **Elle, elle connaît tout. Demain, je vais visiter l'amphithéâtre avec elle.** (in confidence) **Nous avons des soupçons . . .**
Guy   **Mais Monsieur Vautrin prend l'avion pour la Suisse, je crois . . .**
Le Curé   (surprised) **Ah oui, vraiment ? Vite, alors! J'ai rendez-vous avec lui à l'hôtel. Le livre . . . !**
Guy   **Oui, Monsieur le curé; vous avez raison. Vite!**
(they make off in different directions)

(At the travel agency)

L'Employée (finding envelope left by Vautrin) **Qu'est-ce que c'est que ça?**

Guy (hurrying in) **Mademoiselle . . . je cherche un ami . . . il va à Genève . . .**

L'Employée **Oh! Il est parti!**

Guy **Allons, bon!**

L'Employée **Trop tard! Et il est parti sans cette enveloppe.**

Guy (making a move to take it) **Ah, vous permettez?**

L'Employée **Naturellement.** (gives it to him)

Guy **Il va prendre l'avion pour Genève, n'est-ce pas?**

L'Employée **Oui, je crois.**

Guy **Quel vol?** *which flight?*

L'Employée **Je ne sais pas.**

Guy **Il y a deux vols pour Genève. Un à midi et un autre le soir.**

L'Employée **Oui; c'est ça. Mais le train arrive à Marseille trop tard. Votre ami va peut-être prendre un taxi pour aller à Marseille.**

Guy **Ah! Un taxi? Est-ce qu'il y a de la place dans l'avion de dix-huit heures?**

L'Employée (checking list) **Voyons . . . Marseille-Genève . . . Oui, il y a de la place.**

Guy (spotting Vautrin's name on a booking sheet for a Marseilles-Paris-London flight, booked previously by 'phone) **Tiens, Vautrin! Et il va à Londres!**

L'Employée **Vautrin?** (for the Geneva enquiry, Vautrin left no name)

Guy (covering up) **Heu . . . oui . . . C'est un autre ami.**

L'Employée **Vous avez beaucoup d'amis, Monsieur.**

(Guy opens envelope and is mystified to find chit of paper with times of flights to Geneva)

WORDS AND EXPRESSIONS . . .

l'aérogare **f**	air terminal	**Londres**	London
l'aéroport **m**	airport	**le matin**	morning
l'après-midi **m** or **f**	afternoon	**minuit m**	midnight
l'avion **m**	plane	**la nuit**	night
le car	coach	**la réponse**	answer
la conversation	conversation	**le soir**	evening
la correspondance	connection	**la Suisse**	Switzerland
la gare	station	**le train**	train
Genève	Geneva	**les vacances f pl**	holiday(s)
l'horaire **m**	time-table	**le vol**	flight
elle	her (see page 74)	**le sien**	his/hers
lui	him (see page 74)	**la sienne**	
autre	other	**prochain**	next
brun	brown, dark (of hair)	**secret (f secrète)**	secret
pressé	in a hurry	**son, sa, ses**	his/her/its/their
attraper	to catch	**expliquer**	to explain
changer	to change	**préparer**	to prepare

encore again	**quand** when
longtemps for a long time	**tout à l'heure** later

à l'extérieur	outside
à tout à l'heure!	see you later!
aujourd'hui, nous sommes lundi	today's Monday
l'avion de dix-huit heures	the plane leaving at 1800 hours
c'est-à-dire	that is (to say)
(il n'y a) rien d'autre	(there is) nothing else
il y a de la place	there is room, there are seats
j'ai rendez-vous avec lui	I am to meet him/I have an appointment with him
je me trompe	I'm wrong
qu'est-ce que c'est que ça?	what's this?
tous les deux	both
une petite minute!	one moment, please!

... COMMENTS ...

When a telephone rings in France, it gives a succession of single rings, unlike the two rings of an English 'phone. When calling someone in France, therefore, you will hear a single repeated ringing tone at the other end, similar to the English engaged signal. The French engaged signal is a series of rapid pips, rather like the sound heard in a public call-box in England indicating that the number has been obtained and the money should be inserted. The separate ear-piece on a French telephone can be used either to enable a third person to listen to the conversation, or it can be clamped to the caller's other ear to cut out extraneous noise. There are very few public call-boxes in France, but one can telephone from almost any café, when this additional piece of equipment can be extremely useful.

... HOW WE SAY THEM ...

Note the nasal sound represented by the letters **on** or **om**:

non **bon!** gar**çon** av**ion** m**on**ter bl**on**de **nom** c**om**pris
combien tr**om**per

This sound should be distinguished clearly from the more open sound represented by the letters **an, en** etc. (see page 64). Contrast: **on/en son, sont/sans, cent avons/avant.** Note that liaison is made between **prochain** and a following noun beginning with a vowel; if you listen carefully, you will notice that the vowel ceases to be nasal:

A quelle heure est le prochain‿avion?

19

...HOW WE USE THEM...

	le matin.	...in the morning
Vous avez un train	l'après-midi.	...in the afternoon
	le soir.	...in the evening
		Remember these expressions.

Vous avez
un autre train ce soir.
une autre excursion lundi.

Vous pouvez attendre
le prochain vol.
la prochaine excursion.

Both **autre** and **prochain** are normally placed before the noun to which they refer.

Il
Elle cherche
son livre.
son ami.
sa lettre.
son amie.
ses livres.
amis.
lettres.
amies.

son, sa and **ses** are used in the same way as **mon, ma** and **mes** (see pages 16 and 32). Liaison is made between **mon** or **mes** and a following word beginning with a vowel.

Note that, unlike English, no distinction is made between a masculine or feminine owner: **son numéro** = his/her/its number; **sa place** = his/her/its place. What matters is whether the thing owned is masculine or feminine.

Pour lui, un café. Et pour elle?
Il y a une femme avec lui?
Vous mangez sans elle?
C'est lui? Non, c'est elle!

lui (him) and **elle** (her) are used after **pour, avec, sans, c'est** and other similar words.

Lui, il est professeur et elle, elle est archéologue.

Note this use of **lui** and **elle** for contrast or emphasis.

Quel dommage! what a shame!
Quelle journée! what a day!

Note this use of **quel** and **quelle**.

...AND NOW SOME PRACTICE!

●
Non; ce n'est pas son parapluie.
Non; ce n'est pas sa voiture.

Non; ce n'est pas son parapluie.
Non; ce n'est pas sa voiture.
Non; ce n'est pas son fauteuil.
Non; ce n'est pas sa place.
Non; ce n'est pas son cadeau.
Non; ce n'est pas sa serviette.
Non; ce n'est pas son vermouth.
Non; ce n'est pas sa vodka.

C'est le parapluie de Monique?
C'est la voiture de Guy?

C'est le parapluie de Monique?
C'est la voiture de Guy?
C'est le fauteuil de Monique?
C'est la place de Guy?
C'est le cadeau de Monique?
C'est la serviette de Guy?
C'est le vermouth de Monique?
C'est la vodka de Guy?
Alors c'est la mienne!

● Vous voulez y aller avec Pierre?
Avec lui? Peut-être . . . Et avec Denise?
Avec elle, oui!

Vous voulez y aller avec Pierre?
Avec lui? Peut-être . . . Et avec Denise?
Avec elle, oui! Vous voulez manger avec Jean?
Avec lui? Peut-être . . . Et avec Louise?
Avec elle, oui! Vous voulez attendre avec Alain?
Avec lui? Peut-être . . . Et avec Jeanne?
Avec elle, oui! Vous voulez aller en excursion avec Georges?
Avec lui? Peut-être . . . Et avec Geneviève?
Avec elle, oui! Alors moi, je vais avec Georges.

C'est la lettre de Guy?
Ah, non; c'est la mienne! Sa lettre, elle est là. C'est l'enveloppe de Monique?
Ah, non; c'est la mienne! Son enveloppe, elle est là.

C'est la lettre de Guy?
Ah, non; c'est la mienne! Sa lettre, elle est là. C'est l'enveloppe de Monique?
Ah, non; c'est la mienne! Son enveloppe, elle est là. C'est la carte de Guy?
Ah, non; c'est la mienne! Sa carte, elle est là. C'est l'adresse de Monique?
Ah, non; c'est la mienne! Son adresse, elle est là. C'est la liste de Guy?
Ah, non; c'est la mienne! Sa liste, elle est là. C'est l'addition de Monique?
Ah, non; c'est la mienne! Son addition, elle est là. C'est la bouteille de Guy?
Ah, non; c'est la mienne! Sa bouteille, elle est là. C'est l'assiette de Monique?
Ah, non; c'est la mienne! Son assiette, elle est là. Et la mienne, où est-elle?

Et Louise, est-ce qu'elle mange beaucoup aussi?
Ah, non; elle, elle mange peu . . . Et son mari?
Lui? Je ne sais pas . . .

Et Louise, est-ce qu'elle mange beaucoup aussi?
Ah, non; elle, elle mange peu . . . Et son mari?
Lui? Je ne sais pas . . . Et Alain, est-ce qu'il travaille peu aussi?
Ah, non; lui, il travaille beaucoup . . . Et sa femme?
Elle? Je ne sais pas . . . Et Marie, est-ce qu'elle parle beaucoup aussi?
Ah, non; elle, elle parle peu . . . Et son mari?
Lui? Je ne sais pas . . . Et Marcel, est-ce qu'il travaille peu aussi?
Ah, non; lui, il travaille beaucoup . . . Et sa femme?
Elle? Je ne sais pas . . . Elle n'est pas comme son mari?

19

Vous en voulez un autre ?
Vous en voulez une autre ?
Vous en voulez une autre ?

Vous en voulez un autre ?
Vous en voulez une autre ?
Vous en voulez une autre ?
Vous en voulez une autre ?
Vous en voulez un autre ?
Vous en voulez un autre ?
Vous en voulez une autre ?
Vous en voulez une autre ?

J'aime beaucoup ces sandwichs.
J'aime beaucoup ces tomates.
J'aime beaucoup ces oranges.

J'aime beaucoup ces sandwichs.
J'aime beaucoup ces tomates.
J'aime beaucoup ces oranges.
J'aime beaucoup ces bananes.
J'aime beaucoup ces croissants.
J'aime beaucoup ces petits pains.
J'aime beaucoup ces pommes.
J'aime beaucoup ces poires.
Non, merci; ça suffit comme ça !

●
Ses cigarettes ? Elles sont là.
Ses allumettes ? Elles sont là.

Ses cigarettes ? Elles sont là.
Ses allumettes ? Elles sont là.
Ses gants ? Ils sont là.
Ses papiers ? Ils sont là.
Ses valises ? Elles sont là.
Ses billets ? Ils sont là.
Ses lunettes ? Elles sont là.
Ses comprimés ? Ils sont là.

Je cherche les cigarettes de Marise.
Je cherche les allumettes d'Alain.

Je cherche les cigarettes de Marise.
Je cherche les allumettes d'Alain.
Je cherche les gants de Marise.
Je cherche les papiers d'Alain.
Je cherche les valises de Marise.
Je cherche les billets d'Alain.
Je cherche les lunettes de Marise.
Je cherche les comprimés d'Alain. *tablets*
Dans la salle de bains ?

Tous les matins ?
Tous les après-midi ?
Tous les soirs ?

Tous les matins ?
Tous les après-midi ?
Tous les soirs ?
Tous les matins ?
Tous les après-midi ?
Tous les soirs ?
Tous les matins ?
Tous les après-midi ?

Il y a un autobus à neuf heures.
Il y a un avion à quatorze heures.
Il y a un train à vingt heures.

Il y a un autobus à neuf heures.
Il y a un avion à quatorze heures.
Il y a un train à vingt heures.
Il y a un autobus à dix heures.
Il y a un avion à quinze heures.
Il y a un train à vingt et une heures.
Il y a un autobus à onze heures.
Il y a un avion à seize heures.
Oui, Monsieur; mais pendant les vacances seulement.

NOW YOU KNOW . . .

. . . how to say something belongs to a third person
. . . how to book a seat on a train or plane
. . . how to cope with the timetable

AU REVOIR! ET TRAVAILLEZ BIEN!

20 Quel bouquet!

(Guy and Monique are guests at a wine-tasting in the château cellars.)

La Marquise   (offering wine from a dusty bottle) **Monsieur Lambert,** essayez ce petit vin!

Guy   Qu'est-ce que c'est? Un blanc ou un rouge?

La Marquise   C'est du vin blanc. Regardez! (shows label)

Guy   (reads) 'Château de Montmirail. Blanc. 1950. Mis en bouteilles au château.'

La Marquise   Dix-neuf cent cinquante: c'est une très bonne année. Goûtez, Monsieur Lambert!

Guy   Hum! Excellent! Quel bouquet! Naturellement, le château de Montmirail est un cru excellent.

La Marquise   Ça, c'est un vin de première qualité.

Guy   Oui; un vin d'une qualité unique.

La Marquise   Vous savez, tous les vins d'appellation contrôlée sont excellents – mais même le vin ordinaire de Montmirail est très bon!

Guy   Vraiment?

La Marquise   Oui, Monsieur; tous les vins de Montmirail sont bons.

Guy   Naturellement, toutes les années ne sont pas identiques.

La Marquise   Non. Vous savez . . . la chaleur . . . la pluie . . .

Guy   Naturellement.

La Marquise   (showing more bottles) Tenez, voilà aussi des vins d'années excellentes. Mille neuf cent quarante-sept, mille neuf cent cinquante-deux, mille neuf cent soixante-sept; toutes ces bouteilles, hum! Allons, Monsieur Lambert, finissez votre verre, et maintenant choisissez un vin rouge

20

Monique	(helping to hand round) Un peu de fromage?
Guy	Vous avez raison, Madame la Marquise. Tous ces vins sont très bons, mais . . . ma tête . . .
La Marquise	Allons, allons, vous êtes un homme, Monsieur Lambert. Et votre verre est vide. (to Monique) Où est votre verre, Mademoiselle?
Monique	Le mien? Heu . . . je ne sais pas . . . Ah, le voilà.
La Marquise	Allons, finissez votre verre et goûtez ce petit vin rouge. Il est très bon.
Monique	(as her glass is filled) Oh, attention! Je ne supporte pas bien l'alcool. Merci, Madame.
La Marquise	Mademoiselle, vous connaissez Monsieur Lambert . . .
Monique	Oui . . .
La Marquise	Monsieur Lambert habite Paris; il ne connaît pas nos habitudes. Est-ce que j'ose . . . ?
Monique	(mystified) Mais . . . oui . . .
La Marquise	Regardez son verre . . . et sa main . . .
Monique	(laughing) Ah, je comprends!
Guy	Mais . . . qu'est-ce qui se passe?

La Marquise	Monsieur, vous ne tenez pas votre verre comme il faut.
Guy	Pardon?
La Marquise	(she imitates Guy, holding bowl of the glass) Regardez; vous tenez votre verre comme ça.
Guy	Oui, en effet.
La Marquise	Eh bien, ce n'est pas ça. (she takes glass by stem) Tenez-le comme ça.
Guy	(tries again) Comme ça?
La Marquise	Oui!
Guy	Pourquoi?
La Marquise	Parce que, si vous tenez votre verre comme ça, vous ne pouvez pas admirer la couleur du vin!
Guy	C'est vrai!
Monique	Madame la Marquise a raison. Ici, nous tenons toujours notre verre comme ça.
La Marquise	(holding glass up) Regardez . . . admirez la couleur de ce vin rouge!
Guy	Oui; quelle couleur!
Monique	Et quel bouquet!
La Marquise	(catching sight of sinister stranger) Mais le verre de ce monsieur est vide! (moves across with bottle) Monsieur, goûtez de ce vin!
Monique	(whispering) Guy . . . Regardez par là; vous ne connaissez pas cet homme?
Guy	Vautrin!
	(Vautrin is talking with a guest; he appears slightly tipsy)
Vautrin	C'est une femme formidable, cette marquise! Regardez-la. Elle est magnifique! Regardez cette tête! Et ces cheveux blonds . . . Et son vin! Malheureusement, mon verre est vide.
La Marquise	(coming up to him) Pauvre Monsieur Vautrin! Votre verre est vide.
Vautrin	Attention Madame la Marquise! L'alcool me monte à la

tête . . .

La Marquise	Allons, allons, Monsieur Vautrin, vous êtes un homme. Et c'est du vin sec.
Vautrin	Ah, alors . . . si c'est du vin sec . . . Je déteste le vin doux.
La Marquise	Les hommes aiment le vin sec, les femmes le vin doux. Mais pas toutes les femmes . . .
Vautrin	Bravo! Alors, vous êtes comme moi; vous préférez le vin sec.
La Marquise	Pas tous les vins secs . . . mais le vin du château de Montmirail, oui.
Vautrin	Ah, Madame la Marquise, vous avez de la chance.
La Marquise	Pourquoi?
Vautrin	Vous avez un château . . . magnifique, un vin . . . remarquable, des trésors . . . uniques.
La Marquise	Mes trésors? (looks round and smiles) Est-ce qu'ils sont tous là aujourd'hui?
Vautrin	Espérons. (he sees Guy and Monique) Vous permettez?
La Marquise	Je vous en prie. (he moves towards them)
Guy	(to Monique) Qu'est-ce qu'il fait ici, aujourd'hui?
Monique	Attention! Le voilà.
Vautrin	Mademoiselle Mauget! Monsieur Lambert! Je suis ravi de vous voir. Qu'est-ce que vous faites ici?
Guy	Et vous?
Vautrin	Moi? Je goûte le vin de Montmirail et je voudrais boire à votre santé.
Monique	Vous êtes très aimable, Monsieur.
Guy	Alors, Monsieur Vautrin, les vacances . . . ça va?
Vautrin	Oui . . . Oui et non.
Guy	Comment 'oui et non'?
Vautrin	Eh bien . . . nous sommes le vingt-deux juillet . . .
Monique	Vraiment?
Vautrin	Oui; nous sommes lundi, aujourd'hui. Et je vais quitter Montmirail demain ou après-demain.
Guy	(very interested) Comment? Demain ou après-demain? Vous allez à Paris?
Vautrin	Non. Je vais en Suisse.
Monique	A Genève? .
Vautrin	Oui.
Guy	Vous prenez l'avion, je suppose.
Vautrin	Oui, naturellement.
Guy	C'est très intéressant.
Vautrin	Qu'est-ce que vous voulez dire?
Guy	Heu . . . rien. La Suisse, c'est très intéressant.
Vautrin	Ah, oui. (he sips) Hum, ce vin . . . Il me monte à la tête . . .
Guy	Monsieur Vautrin est professeur, et un professeur ne peut pas . . . perdre la tête.
Vautrin	(making a sudden admission) Je ne suis pas professeur.
Guy	Comment?
Monique	Vous n'êtes pas professeur?
Vautrin	Non. Je suis antiquaire.
Guy	Antiquaire?
Vautrin	Oui. Et je voudrais trouver le voleur.

20

Guy	Vous voulez trouver le voleur parce que vous êtes antiquaire?
Vautrin	Les objets volés m'intéressent beaucoup. Vous comprenez . . . le voleur . . . qu'est-ce qu'il peut en faire? Les objets volés sont uniques . . .
Guy	C'est vrai. Le voleur ne peut pas les garder.
Vautrin	Il ne peut pas les garder; il ne peut pas les vendre. Moi, vous comprenez . . . j'ai des amis . . .
Guy	Naturellement . . .
Vautrin	(sips wine) Hum, le vin de la Marquise est excellent. Quel bouquet!
Guy	Vous avez des amis . . . en Suisse.
Vautrin	Oui. Et je peux . . . aider le voleur.
Guy	Naturellement.
Vautrin	(gloomily) Mais c'est impossible! Un jour, les objets . . . pst! Le lendemain . . . ils sont de retour! C'est vraiment drôle . . .
Monique	Quel mystère!
Vautrin	Vous voulez dire: quel dommage! Vous comprenez, ces objets . . . je voudrais les acheter. Moi, je peux les vendre en Suisse.
Guy	C'est une idée excellente.
Vautrin	Vous et moi, nous ne pouvons pas travailler ensemble?
Guy	Oui; peut-être . . .
Vautrin	Non; c'est trop tard. Je quitte Montmirail demain ou après-demain. Tant pis!
Guy	Moi aussi, je cherche le voleur. Si je le trouve . . . est-ce que vous avez un numéro de téléphone en Suisse?
Vautrin	Oui.
Guy	Où exactement?
Vautrin	A Genève.
Guy	Quel numéro?
Vautrin	Allons bon! J'oublie . . . (he sees another guest leaving) Vous permettez . . . ? C'est un ami.
Guy	(calls after him) Votre numéro de téléphone à Genève?
Vautrin	Heu . . . le quarante trois, dix-neuf, trente et un. Au revoir!
Monique	(wrily, to Guy) Ce n'est pas son numéro.
Guy	Naturellement pas. (they notice sinister stranger making a signal to Vautrin's 'friend') Intéressant.
Monique	Oui; très intéressant.

WORDS AND EXPRESSIONS . . .

l'alcool **m**	alcohol, spirit(s)	le cru	vintage/vineyard
l'année **f**	year	l'habitude **f**	habit
l'antiquaire **m/f**	antique dealer	juillet	July
le bouquet	bouquet, aroma (of wine)	le lendemain	next day, day after
la chaleur	heat, warmth	la main	hand
la couleur	colour	la pluie	rain
		la qualité	quality
nos, notre	our	le/la nôtre	ours

blanc	white	formidable	terrific
blond	blonde, fair	identique	identical
bon	good	rouge	red
doux	sweet, mild		
oser	to dare	tenir	to hold
perdre	to lose	vendre	to sell

mille 1000   deux mille 2000   dix-neuf cent cinquante 1950

après-demain the day after tomorrow   même even

l'alcool me monte à la tête	alcohol goes to my head
habiter Paris/Marseille/ . . .	to live in Paris/Marseilles/ . . .
mis en bouteille(s)	bottled (lit.: put into bottles)
on tient son verre . . .	one holds one's glass . . .
pardon ?	I beg your pardon ?
perdre la tête	to lose one's head
qu'est-ce qui se passe ?	what's happening ?
nous sommes le vingt-deux juillet	today's the 22nd of July
je ne supporte pas l'alcool	I can't drink a lot of alcohol/alcohol doesn't agree with me
tant pis !	It can't be helped !/never mind !
je vais en Suisse	I'm going to Switzerland
un vin d'appellation contrôlée	wine of guaranteed quality (see Comments)
je voudrais boire	I'd like to drink

. . . COMMENTS . . .

Wine-tastings (la dégustation de vins) are frequently held in the cellars of local vineyards and of public or private buildings of the wine-producing districts of France. Tourists are welcome, and there is usually no charge. The local Syndicat d'Initiative will supply all the necessary information as to time and place

Wines are generally graded according to quality. There are three main types: the finest, the château-bottled wines, are bottled in the château cellars (mis en bouteille(s) au château), or in districts like Burgundy, where châteaux are not associated with vineyards, on the estate (mis en bouteille(s) au domaine) the next is wine where the use of the district's or vineyard's name on the label is strictly controlled by law (vin d'appellation contrôlée); this cannot under any circumstances be blended with wine from other districts. Finally, ordinary wine (vin ordinaire), which may be wholly of local production or, as is often the case, blended with wines from other regions, or even with imported wines.

...HOW WE SAY THEM...

Note that **alcool** is pronounced as if it were spelt with only one **o**; this **o** is of the 'open' variety (see page 15).

...HOW WE USE THEM...

Un bon cru.
Une bonne année.

Un vin blanc.
Une robe blanche.

Un vin doux.
Une chaleur douce.

Note the feminine forms of **bon, blanc** and **doux**, and that **bon** ordinarily precedes the noun to which it refers.

Où est notre taxi?
voiture?

Ah, voilà nos billets!
valises!

C'est votre taxi? Oui, c'est le nôtre.
voiture? la

Ce sont vos billets? Oui, ce sont les nôtres.
valises?

Notre, nos and **le/la/les nôtre(s)** are used in the same way as **votre, vos** and **le/la/les vôtre(s)** (see page 16 and page 24).

Je préfère le tenir comme ça!   **tenir**   to hold
When talking about the present, the forms of **tenir** are as follows:

| je tiens | (tu tiens) | il/elle tient | (tiens!) |
| nous tenons | vous tenez | ils/elles tiennent | tenez! |

Ne perdez pas la tête!
N'attendez pas là!

the endings of **perdre** to lose, and of **vendre** to sell, are identical to those of **attendre**.

Vous vendez des cartes postales?
Vous attendez quelqu'un?

When talking about the present, the endings of **attendre** are as follows:

| j'attends | (tu attends) | il/elle attend | (attends!) |
| nous attendons | vous attendez | ils/elles attendent | attendez! |

Vous n'allez pas en Angleterre?
Non; je vais en Suisse.

Note this use of **en** and that the name of the country is not preceded by the appropriate **le, la** or **l'**.

Mille neuf cent cinquante.
soixante et un.

Dix-neuf cent cinquante.
soixante et un.

Both these ways of expressing the name of a year are current. One tends to use the formula **onze cent, douze cent,** etc., up to and including 1600. Above, **dix-sept cent** and **mille sept cent** are used indifferently, with a slight preference for the **dix...** form in spoken French.

20

. . . AND NOW SOME PRACTICE!

●

Oui, Monsieur; c'est notre billet.
Mais si, c'est notre train !

Oui, Monsieur; c'est notre billet.
Mais si, c'est notre train !
Oui, Monsieur; c'est notre correspondance.
Mais si, c'est notre voiture !
Oui, Monsieur; c'est notre taxi.
Mais si, c'est notre autobus !
Oui, Monsieur; c'est notre car.
Mais si, c'est notre avion !

C'est votre billet, n'est-ce pas ?
Ce n'est pas votre train ?

C'est votre billet, n'est-ce pas ?
Ce n'est pas votre train ?
C'est votre correspondance, n'est-ce pas ?
Ce n'est pas votre voiture ?
C'est votre taxi, n'est-ce pas ?
Ce n'est pas votre autobus ?
C'est votre car, n'est-ce pas ?
Ce n'est pas votre avion ?
C'est l'avion de Genève ?

Oui; je préfère la tenir comme ça.
Oui; je préfère le prendre comme ça.

Oui; je préfère la tenir comme ça.
Oui; je préfère le prendre comme ça.
Oui; je préfère le manger comme ça.
Oui; je préfère la faire comme ça.
Oui; je préfère le tenir comme ça.
Oui; je préfère la laisser comme ça.
Oui; je préfère le remplir comme ça.

Vous tenez votre fourchette comme ça ?
Vous prenez votre whisky comme ça ?

Vous tenez votre fourchette comme ça ?
Vous prenez votre whisky comme ça ?
Vous mangez votre sandwich comme ça ?
Vous faites votre valise comme ça ?
Vous tenez votre appareil comme ça ?
Vous laissez votre voiture comme ça ?
Vous remplissez votre coffre comme ça ?
Vous allez avoir assez de place ?

Il est seulement cinq heures moins dix.

Il est déjà cinq heures ?

Il est seulement six heures moins neuf.

Il est déjà six heures ?

Il est seulement sept heures moins huit.

Il est déjà sept heures ?

Il est seulement huit heures moins sept.

Il est déjà huit heures ?

Il est seulement neuf heures moins six.

Il est déjà neuf heures ?

Il est seulement dix heures moins cinq.

Il est déjà dix heures ?

Il est seulement onze heures moins quatre.

Il est déjà onze heures ?

Il est seulement minuit moins trois.

Il est déjà minuit ?
Minuit moins trois !

20

● En effet, c'est un bon vin . . .
En effet, c'est un bon apéritif . . .

Votre vin est remarquable!
Cet apéritif est excellent!

En effet, c'est un bon vin . . .
En effet, c'est un bon apéritif . . .
En effet, c'est une bonne photo . . .
En effet, c'est une bonne affaire . . .
En effet, c'est un bon guide . . .
En effet, c'est un bon hôtel . . .
En effet, c'est une bonne copie . . .
En effet, c'est une bonne idée . . .

Votre vin est remarquable!
Cet apéritif est excellent!
Cette photo est remarquable!
Cette affaire est excellente!
Ce guide est remarquable!
Votre hôtel est excellent!
Cette copie est remarquable!
Votre idée est excellente!
Vous en avez souvent?

Attention! Vous allez le perdre . . .
Attention! Vous allez l'oublier . . .

Le télégramme? Il est sur la table.
Le parapluie? Il est dans ma chambre.

Attention! Vous allez le perdre . . .
Attention! Vous allez l'oublier . . .
Attention! Vous allez la perdre . . .
Attention! Vous allez l'oublier . . .
Attention! Vous allez les perdre . . .
Attention! Vous allez les oublier . . .
Attention! Vous allez les perdre . . .
Attention! Vous allez les oublier . . .

Le télégramme? Il est sur la table.
Le parapluie? Il est dans ma chambre.
La serviette? Elle est sur la table.
L'adresse? Elle est dans ma chambre.
Les appareils? Ils sont sur la table.
Les billets? Ils sont dans ma chambre.
Les clefs? Elles sont sur la table.
Les lettres? Elles sont dans ma chambre.
Je vais les chercher tout de suite!

Il préfère les siennes.
Elle préfère les siens.

Il n'aime pas ces cigarettes?
Elle n'aime pas ces disques?

Il préfère les siennes.
Elle préfère les siens.
Il préfère les siennes.
Elle préfère le sien.
Il préfère le sien.
Elle préfère la sienne.
Il préfère le sien.
Elle préfère le sien.

Il n'aime pas ces cigarettes?
Elle n'aime pas ces disques?·
Il n'aime pas ces cartes postales?
Elle n'aime pas cet hôtel?
Il n'aime pas ce guide?
Elle n'aime pas cette voiture?
Il n'aime pas ce garage?
Elle n'aime pas ce tableau?
Tant pis!

Non . . . Il est plutôt doux.
Non . . . Il est plutôt foncé. dark (of colour)

C'est un vin sec?
C'est un rouge à lèvres clair?

Non . . . Il est plutôt doux.
Non . . . Il est plutôt foncé.
Non . . . Elle est plutôt chère.
Non . . . Elle est plutôt fragile.
Non . . . Elle est plutôt courte.
Non . . . Il est plutôt petit.
Non . . . Elle est plutôt compliquée.
Non . . . Elle est plutôt difficile.

C'est un vin sec?
C'est un rouge à lèvres clair?
C'est une robe bon marché?
C'est une chaise solide?
C'est une robe longue?
C'est un grand aéroport?
C'est une question simple?
C'est une réponse facile?
Vous la connaissez?

De quelle année est ce vin?

Il est de dix-neuf cent cinquante quatre.

1954

De quelle année est ce vin?

Il est de dix-neuf cent soixante trois.

1963

De quelle année est ce vin?

Il est de dix-neuf cent cinquante six.

1956

De quelle année est ce vin?

Il est de dix-neuf cent soixante cinq.

1965

De quelle année est ce vin?

Il est de dix-neuf cent cinquante huit.

1958

De quelle année est ce vin?

Il est de dix-neuf cent soixante sept.

1967

De quelle année est ce vin?

Il est de dix-neuf cent soixante et un.

1961

De quelle année est ce vin?
Quel bouquet!

Il est de dix-neuf cent soixante neuf.

1969

NOW YOU KNOW...

   . . . how to say something is yours when there are
     several of you
   . . . how to count the years – up to 1969!
   . . . how to hold your glass at a wine-tasting

AU REVOIR! ET A VOTRE SANTÉ!

Grammar summary

A SUMMARY AND INDEX TO '...HOW WE USE THEM...'

This summary covers only the main grammatical points dealt with in the book. Numbers in brackets refer to the lessons. Abbreviations: **f** = feminine, **fam.** = familiar, **m** = masculine, **p** = person, **pl** = plural, **s** = singular, **stand.** = standard.

NOUNS AND ADJECTIVES

Gender (2, 9, 14):
Nouns may be either masculine or feminine and there is no practical way of telling which are masculine and which are feminine **(2)**.
Adjectives agree in gender with the person or noun to which they refer **(9, 14)**; an adjective that refers to both a masculine and a feminine person or noun is used in the masculine plural **(9)**. Adjectives that end in −e in the masculine stay unchanged in the feminine: **un musée célèbre, une église célèbre (9)**; adjectives that end in a consonant or in a vowel other than −e add −e in the feminine: **un vin excellent, une copie excellente; un objet volé, une voiture volée (9)**; irregular feminines: **blanc − blanche (20); bon − bonne (20); cher − chère (17); doux − douce (20); gras − grasse (13); long − longue (13); nerveux − nerveuse (15); sec − sèche (13)**.

Number (6, 7):
The plural of most nouns and adjectives is formed by adding −s to the singular form: **un livre intéressant, deux livres intéressants; une copie excellente, deux copies excellentes**. Nouns and adjectives that end in −s or −x in the singular remain unchanged in the plural: **un tapis, deux tapis; un homme nerveux, deux hommes nerveux**. Nouns (and adjectives) that end in −eau add −x instead of −s: **un château, deux châteaux**. Irregular plurals: **bon marché − bon marché (17); cheveu − cheveux (13); journal − journaux (7); monsieur − messieurs (14); œil − yeux (13); tout − tous (18)**.
For the plural of compound nouns, see lesson 12.

Position and use of adjectives (7, 9, 10, 19, 20):
Most adjectives follow the noun to which they refer: **un tapis magnifique (7)**; but some very common adjectives (e.g. **petit, grand, bon, autre, prochain**) are most frequently used before the noun: **un petit cendrier, un grand hôtel (9, 19, 20)**. For the use of **tout**, see lesson **18**.
Adjectives are frequently used as nouns: **un petit verre ou un grand (10)**.

ARTICLES

Definite article
Simple forms (1, 2, 4, 6, 14):

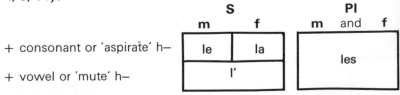

	S		Pl	
	m	**f**	**m** and	**f**
+ consonant or 'aspirate' h−	le	la	les	
+ vowel or 'mute' h−	l'			

Contracted forms (3, 6, 11, 14):

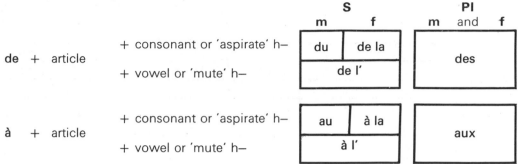

		S		Pl
		m	f	m and f
de + article	+ consonant or 'aspirate' h–	du	de la	des
	+ vowel or 'mute' h–	de l'		
à + article	+ consonant or 'aspirate' h–	au	à la	aux
	+ vowel or 'mute' h–	à l'		

Use of the definite article (3, 9):
The definite article is used before abstract nouns: **le commerce et le tourisme;** before mass nouns: **l'or et l'argent;** and before plural nouns used in a general sense: **les clients et les touristes.**

Indefinite article (1, 2, 6, 7):

S		Pl
m	f	m and f
un	une	des

In negative sentences (but not after **ce ne sont pas),** the indefinite article is replaced by **de** (or **d'** before a vowel or a 'mute' h–).

Partitive article:
For the use of the partitive article, see lesson **8.**

DEMONSTRATIVE ADJECTIVES AND PRONOUNS (6, 7, 9)

		S		Pl
		m	f	m and f
+ consonant or 'aspirate' h–		ce	cette	ces
+ vowel or 'mute' h–		cet		

For the use of **ça,** see lesson **9.**

POSSESSIVE ADJECTIVES AND PRONOUNS
Possessive adjectives (12, 14, 19, 20):

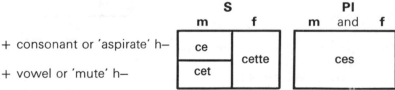

		Thing owned		Things owned
		m	f	m and f
Singular Owner	1st person	mon	ma*	mes
	2nd person (fam.)	ton	ta*	tes
	2nd person (stand.)	votre		vos
	3rd person	son	sa*	ses
Plural Owner	1st person	notre		nos
	2nd person (fam. and stand.)	votre		vos

* Before feminine words beginning with a vowel or 'mute' h–, **mon, ton, son** are used instead of **ma, ta, sa.**

Possessive pronouns (13, 14, 19, 20):

		Thing owned		Things owned	
		m	f	m	f
Singular Owner	1st person	le mien	la mienne	les miens	les miennes
	2nd person (fam.)	le tien	la tienne	les tiens	les tiennes
	2nd person (stand.)	le vôtre	la vôtre	les vôtres	
	3rd person	le sien	la sienne	les siens	les siennes
Plural Owner	1st person	le nôtre	la nôtre	les nôtres	
	2nd person (fam. and stand.)	le vôtre	la vôtre	les vôtres	

PERSONAL PRONOUNS
Unstressed forms – subject (1, 2, 3, 7, 15, 17):

	S		Pl	
	m	f	m	f
First person	je*		nous	
Second person (fam.)	tu		vous	
Second person (stand.)	vous			
Third person	il	elle	ils	elles

* but **j'** before a vowel or 'mute' h–.

For the use of **on**, see lesson **17**.

Unstressed forms – direct object (5, 6, 8):

		S		Pl
		m	f	m and f
Third person	+ consonant or 'aspirate' h–	le	la	les
	+ vowel or 'mute' h–	l'		

These pronouns precede **voici, voilà** or a verb, unless the verb is in the positive imperative **(5, 8)**.
For the use of **en**, see lesson **14**.

Stressed forms (10, 15, 17):

	S		Pl	
	m	f	m and f	
First person	moi		nous	
Second person (fam.)	toi		vous	
Second person (stand.)	vous			
Third person	lui	elle		

REGULAR VERBS
Infinitive (4, 16):

pos - er   fin - ir

Present tense (4, 7, 15, 16, 17):

je* pos-e	tu pos-es	il/elle pos-e
nous pos-ons	vous pos-ez	ils/elles pos-ent
je* fin-is	tu fin-is	il/elle fin-it
nous fin-issons	vous fin-issez	ils/elles fin-issent

* j' before a vowel or 'mute' h–.

For changes in the spelling of the 'je' and 'nous' forms of certain verbs, see lessons 5, 11 and 17.
For the use of the present tense, see lesson 4.

Future tense:
For the expression of the immediate future, see lesson 11.

Imperative (5, 16, 17):

	pos-ons!		fin-issons!
pos-e!	pos-ez!	fin-is!	fin-issez!

For the use of the imperative, see lessons 5 and 17.

IRREGULAR VERBS
(Forms marked * have not been used in the course so far)

aller (11, 15, 17)	je vais nous allons	tu vas vous allez	il/elle va ils/elles vont
attendre (14, 15, 17, 20) and perdre, vendre.	j'attends nous attendons	tu attends vous attendez	il/elle attend ils/elles attendent
avoir (8, 15, 17)	j'ai nous avons	tu as vous avez	il/elle a ils/elles ont
connaître (8)	je connais nous connaissons	tu connais vous connaissez	il/elle connaît ils/elles connaissent
être (1, 2, 6, 9, 13, 15, 17)	je suis nous sommes	tu es vous êtes	il/elle est ils/elles sont
faire (4, 15, 17)	je fais nous faisons	tu fais vous faites	il/elle fait ils/elles font
pouvoir (2, 17)	je peux nous pouvons	tu peux vous pouvez	*il/elle peut *ils/elles peuvent
prendre (12, 14, 15, 17) and comprendre	je prends nous prenons	tu prends vous prenez	*il/elle prend *ils/elles prennent
savoir (17)	je sais nous savons	tu sais vous savez	il/elle sait ils/elles savent
tenir (20)	je tiens nous tenons	tu tiens vous tenez	il/elle tient ils/elles tiennent
vouloir (1, 15, 17, 18)	je veux† nous voulons	tu veux vous voulez	*il/elle veut *ils/elles veulent

† je veux has a polite form: je voudrais.

ADVERBS
For the use of **ici** and **là**, see lessons **1** and **2**.
For the use of **y**, see lesson **12**.

PREPOSITIONS
For some of the uses of **à**,   see lessons **9, 10** and **11**.
For some of the uses of **de**,   see lessons **3** and **7**.
For some of the uses of **en**,   see lesson **20**.
For some of the uses of **pour**, see lessons **2** and **9**.

SOME BASIC CONSTRUCTIONS
For negative constructions, see lessons **3, 7, 8** and **12**.
For interrogative constructions, see lessons **1** and **13**. For **où**? see lessons **1, 10** and **13**;
for **combien (de)**? lessons **8** and **13**; for **pourquoi**? lesson **13**; for **qu'est-ce que . . .**?
lesson **9**; for **n'est-ce pas**? lesson **6**. For the use of **si** instead of **oui**, see lesson **17**.
For exclamative constructions with **quel!** see lesson **19**.
For telling the time, see lessons **12, 13** and **14**. For times of the day and dates, see
lessons **16, 19** and **20**.

NUMERALS
Cardinal numbers:

zéro	0	dix	10	vingt	20
un/une	1	onze	11	vingt et un/une	21
deux	2	douze	12	vingt-deux	22
trois	3	treize	13	vingt-trois	23
quatre	4	quatorze	14	vingt-quatre	24
cinq	5	quinze	15	vingt-cinq	25
six	6	seize	16	vingt-six	26
sept	7	dix-sept	17	vingt-sept	27
huit	8	dix-huit	18	vingt-huit	28
neuf	9	dix-neuf	19	vingt-neuf	29

trente	30	cent	100	mille	1000
trente et un/une	31	cent un/une	101	deux mille	2000
trente-deux	32	cent cinq	105	. . . .	
. . . .		cent dix	110		
quarante	40	deux cents	200		
cinquante	50	deux cent vingt	220		
soixante	60				

mille neuf ⎫
              ⎬ cent cinquante 1950
dix-neuf ⎭

For ordinal numbers, see lesson **18**.

Glossary

Many of the following words have meanings additional to the ones we have given: all the translations give the sense of the words as used in the dialogues and drills. The number in brackets refers to the lesson in which the word or expression first appears. Abbreviations:

f = feminine   m = masculine   pl = plural
fam. = familiar   stand. = standard   coll. = colloquial

A

a see avoir
à to/in (9) at (10); à demain! till tomorrow!/see you tomorrow! (8); à droite to the right/right (4); à gauche to the left/left (4); à l'extérieur outside (19); à mon/votre aise comfortable (13); à point medium (cooked, of meat) (14); à propos by the way (2); à propos de... about... (10); à tout à l'heure! see you later! (19); à votre santé! your health!/cheers! (14); à votre droite/gauche on your right/left (18)
accompagnée: une visite accompagnée a conducted tour (18)
acheter to buy (5)
l'addition f bill (10)
admirer to admire (9)
l'adresse f address (5)
l'aérogare f air terminal (19)
l'aéroport m airport (19)
l'affaire f affair (4); quelle affaire! what a business! (7)
l'agence f (de voyages) (travel) agency (6)
l'agent m (police) officer (4)
ai see avoir
aider to help (4)
l'ail m garlic (15)
aimable kind (9); elle a un air aimable she looks kind (16)
aimer to like (4)
air: elle a un air aimable she looks kind (16)
aise: à mon/votre aise comfortable (13)
l'alcool m alcohol, spirit(s) (20); je ne supporte pas l'alcool I can't drink a lot of alcohol/alcohol doesn't agree with me (20); l'alcool me monte à la tête alcohol goes to my head (20)
aller to go (11); allez, allez! get on with it! (12); allons! come on! (8); allons bon! bother! (12); comment allez-vous? how are you? (11); il/elle va he/she/it goes (13); ils/

elles vont they go (13); je vais I go/am going (11); je vais en Suisse I'm going to Switzerland (20); vous allez you go/are going (1)
aller chercher to fetch (11)
allez see aller
allô hello (on 'phone only) (12)
allons see aller
l'allumette f match (14)
alors so, now then (1); alors, demain? what about tomorrow? (6)
l'ami m (male) friend (6)
l'amie f (female) friend (11)
l'amphithéâtre m amphitheatre (4)
amusez: amusez-vous bien! have a good time! (1)
l'Angleterre f England/Britain (6)
l'année f year (20)
l'anniversaire m birthday (15); bon anniversaire happy birthday (15)
l'antiquaire m/f antique dealer (20)
les antiquités f pl ancient monuments/antiques (7)
l'apéritif m apéritif (10)
l'appareil m still camera (5); Guy Lambert à l'appareil Guy Lambert speaking (lit.: on the 'phone) (18)
appellation: un vin d'appellation contrôlée wine of guaranteed quality (20)
l'appétit m: bon appétit! lit.: good appetite!: an informal phrase used to wish someone a good meal (12)
approcher to come near (17)
après after(wards) (9); après Jésus-Christ A.D. (16)
après-demain the day after tomorrow (20)
l'après-midi m/f afternoon (19)
l'archéologue m/f archaeologist (10)
l'argent m silver (5); en argent made of silver (4)
l'armoire f (free-standing) cupboard (4)
l'arrêt m (bus) stop (4); sans arrêt continuously, without stopping (9)
arrêter to stop (8); to arrest (10)
l'arrivée f arrival (18)

arriver to arrive (7); j'arrive! I'm coming! (5)

l'aspirine f aspirin (11)

asseyez-vous! (do) sit down! (10)

assez enough (13); assez! that's enough! (15); assez de enough (16) j'en ai assez! I've had enough! (15)

l'assiette f plate (9)

attendre to wait (14); attendez! you wait! (10)

attention! careful! (4); attention, voyons! do be careful! (16)

attirer to attract (9)

attraper to catch (19)

aujourd'hui today (6); aujourd'hui, nous sommes lundi today's Monday (19); c'est quel jour, aujourd'hui? what day is it today? (16); j'ai un travail, aujourd'hui! I have/there is an awful lot of work today! (17)

aussi also/too (3)

authentique authentic (16)

l'autobus m bus (4)

autre other (19); (il n'y a) rien d'autre (there is) nothing else (19)

avance : en avance early (13)

avancer to come/to go forward (8)

avant before (16); avant Jésus-Christ B.C. (16)

avec with (2); avec Monsieur with the gentleman (17); avec plaisir gladly (14)

l'avenue f avenue (18)

avez see avoir

l'avion m plane (19); l'avion de dix-huit heures the plane leaving at 1800 hours (19)

avoir to have (15); avoir de la chance to be lucky (17); avoir du feu to have a light (14); avoir mal to have a pain (11); avoir mal à la tête/gorge to have a headache/sore throat (11); avoir mal au cœur to have an upset stomach, to feel sick (11); avoir raison to be right (13); il/elle a he/she/it has (13); ils/elles ont they have (13); il y a there is/are (6); il y a quelqu'un? anybody in? (8); j'ai I have (8); qu'est-ce que vous avez? what's the matter with you? (11); vous avez you have (8); vous les avez? have you got them? (10)

B

la baguette long thin loaf of bread (lit.: stick) (17)

la banane banana (17)

bas : là-bas down/over there (13)

beaucoup very much/a lot (3); beaucoup de . . . a lot of . . ./many (7)

le beurre butter (8)

bien good/well/very well (3); très bien very well/that's fine (2); bien cuit well done (of steak) (14); c'est bien simple it's quite simple (4); il/elle est très bien it looks very good (5)

la bière beer (3); la bière blonde light beer (10); la bière brune dark beer (10)

le billet ticket (4)

bizarre odd, peculiar (10); c'est bizarre that's very odd (5)

blanc white (20); en noir et blanc in black and white (5); le vin blanc white wine (10); un petit vin blanc a little glass of white wine (15)

blonde blonde, fair (20); la bière blonde light beer (10)

boire : je voudrais boire I'd like to drink (20)

la boîte box (9)

bon good (20); bon! good/alright! (1); ah bon! I see! (4); bon anniversaire happy birthday (15); bon appétit see appétit (12); bon marché cheap (17); bonne promenade see promenade (17)

bonjour! good morning!/good afternoon! (1)

le boulevard boulevard (18)

le bouquet bouquet, aroma (of wine) (20)

la bouteille bottle (14); mis en bouteille(s) bottled (lit.: put into bottle(s)) (20)

le bouton button (13)

le bras arm (11)

bravo! well done! (8)

brille : tout ce qui brille n'est pas or all that glisters is not gold (15)

le briquet cigarette lighter (14)

le bronze bronze (16)

brun brown, dark (of hair) (19); la bière brune dark beer (10)

le bureau desk (1)

C

c' see ce

ça this/that (9); ça commence it starts (10); ça fait combien? how much does it come to? (17); ça fait six francs it comes to six francs (17); ça marche it's working/going (8); ça m'est égal! I couldn't care less!/it's

all the same to me! (15); **ça ne fait
rien** it doesn't matter (13); **ça ne va
pas** things aren't too good/I'm not
feeling too good (11); **ça oui!** you
can be sure of that! (11); **ça, par
exemple!** well I never!/well, would
you believe it? (18); **ah ça . . . pas
tous!** not all of them! (18); **ça
suffit!** that's enough! (17); **ça va!**
that's/everything's all right! (2);
ça va? is it/everything all right?
(2); **ça va mal** things aren't going
very well/I'm not feeling at all well
(11); **ça y est!** that's it!/there we
are! (12); **c'est ça!** that's it! (3);
comme ça like this/that (3)
le **cadeau** present (15)
le **café** coffee/café (3); **le café au lait**
large white coffee (usually taken at
breakfast) (12); **le (café) crème**
white coffee (3)
la **caisse** cash-desk (11)
la **caméra** cine-camera (5)
le **car** coach (19)
la **carafe** carafe (14)
le **carnet** book (of stamps/tickets/etc.)
(6); **un carnet de timbres** a book of
stamps (6); **un carnet à quatre
francs** a 4 F book of stamps (6)
la **carte** map (18); **la carte (postale)**
postcard (6)
ce this/that (7); **Ah, ce Monsieur
Désiré!** Ah, he's quite a one that
Monsieur Désiré! (11)
ce : c'est it is/it's (3); **c'est-à-dire**
that is (to say) (19); **c'est bien
simple!** it's quite simple! (4); **c'est
bizarre** that's very odd (5); **c'est ça**
that's it (3); **c'est (très) chic** that's
(very) chic/smart (5); **c'est combien?** how much is that? (10); **c'est
deux francs** that's two francs (7);
c'est indispensable! you can't do
without it!. (lit.: it's indispensable)
(17); **c'est l'heure exacte** that's the
precise time (12); **c'est quel jour,
aujourd'hui?** what day is it today?
(16); **c'est tout** that's all (9); **ce
n'est pas** it isn't (3); **ce n'est pas ça**
that's not it (18); **ce n'est pas
possible!** it can't be true! (13);
ce (ne) sont (pas) they are (not) (6)
la **ceinture** belt (13)
célèbre famous (9)
le **cendrier** ash-tray (9)
cent hundred (17); **cent un** hundred
and one (17); **cent cinq** hundred and

five (17); **cent dix** hundred and ten
(17) **deux cents** two hundred (17);
deux cent vingt two hundred and
twenty (17)
le **centime** centime (6)
certainement certainly/of course (5)
ces these/those (8)
cet this/that (7)
cette this/that (7)
la **chaise** chair (7)
la **chaleur** heat, warmth (20)
la **chambre** room (2); **une chambre à un
lit** single bedroom (6); **une chambre
à deux lits** double bedroom (6); **la
femme de chambre** chambermaid
(12)
chance : avoir de la chance to be lucky
(17)
changer to change (19)
la **charcuterie** pork delicatessen (17)
le **château** château (5)
chaud hot (12)
le **chauffeur** driver (1); **le chauffeur de
taxi** taxi driver (1)
chaussures: une paire de chaussures
a pair of shoes (5)
le **chef** chef (15)
cher, chère expensive (17)
chercher to look for (5)
le **cheveu** pl **les cheveux** hair (of head)
(13)
chic smart (5); **chic!** great! (12);
c'est (très) chic that's very chic/
smart (5)
choisir to choose (16)
chut! quiet! (10)
la **cigarette** cigarette (14)
le **cinéma** cinema (11)
cinq five (2)
cinquante fifty (8)
le **citron pressé** long iced drink made from
fresh lemons (10)
clair light (of colour) (13)
la **clef** key (2)
le **client** customer (9)
le **cœur** heart (11); **j'ai mal au cœur**
I have an upset stomach/I feel sick
(11)
le **coffre** boot (of car) (8)
le **cognac** brandy (10)
le **coiffeur** (male) hairdresser (13)
la **coiffeuse** (female) hairdresser (13)
la **coiffure** hair-style (13)
le **coin** corner (18)
la **collection** collection (7)
combien (de) how much/many (8);
ça fait combien? how much does it

come to ? (17); c'est combien ? how much is that ? (10)

comme like/as (13); comme ça like this/that (3); comme hors d' œuvre/légumes as an hors d'œuvre/as vegetables (14); comme il faut just right/properly (17); respectable, correct (18)

commencer to begin (7); ça commence it starts (10)

comment ? what ?/what do you mean ? (12); comment allez-vous ? how are you ? (11)

le commerce business (9)

le complet see petit déjeuner

compliqué complicated, difficult (16)

comprendre to understand (14)

le comprimé tablet (11)

compris : le service est compris the service is included (3); vous avez compris ? did you understand ? (1)

la confiture jam (12); la confiture d'oranges sweet marmalade (12)

connaître to know (see page 65) (18)

content happy/pleased (9)

continuer to carry on (5); continuez ! carry on ! (1)

contrôlée : un vin d'appellation contrôlée wine of guaranteed quality (20)

la conversation conversation (19)

la copie copy (9)

la correspondance connection (19)

la couleur colour (20); (une pellicule/un film) en couleur colour (film) (5)

la coupe cut (of hair/clothes) (13); la coupe au rasoir razor cut (of hair) (13)

court short (13)

le couteau knife (7)

crème see café

la crevaison puncture (8)

crier to shout (15)

le crime crime/murder (3)

crois : je crois I think (so) (17)

le croissant croissant (crescent-shaped roll) (12)

croyez : croyez-moi believe me (16)

le cru vintage/vineyard (20)

la crypte crypt (4)

la cuillère spoon (3); la cuillère à café teaspoonful (lit.: coffee spoon) (11)

la cuisine kitchen (15); faire la cuisine to cook (15)

le cuisinier cook (15)

cuit : bien cuit well done (of steak) (14)

le curé (parish) priest (3)

D

d', see de

d'abord first (4)

d'accord ! I agree !/that's agreed ! (5)

la dame lady (7); Messieurs-Dames ladies and gentlemen (14)

dans in (1)

la date date (2)

de of (1); from (14); de la, de l' some/any (of) (8)

le décor décor/setting (14)

décorer to decorate (9)

défense de (toucher) do not (touch) (4, 16)

déjà already (12)

demain tomorrow (6); à demain ! till tomorrow !/see you tomorrow ! (8); alors, demain ? what about tomorrow ? (6)

demander to ask (for) (9)

demi(e) : une demi-heure half an hour (14); une/deux heure(s) et demie half-past one/two (12)

le dentifrice toothpaste (11)

le départ departure (18)

le dépliant leaflet (12)

dernier last (18)

derrière behind (4)

des of the (6)

désirer to wish (5); vous désirez ? what would you like to have ?/what can I do for you ? (3)

désolé : je suis désolé(e) ! I'm terribly sorry ! (14)

le détective detective (18)

détester to hate (7)

deux two (2); deux cents two hundred (17); deux cent vingt two hundred and twenty (17); pour nous deux for the two of us (17); tous les deux both (19)

deuxième second (18)

devant in front of (4)

développer to develop (5)

difficile difficult (8)

dimanche m Sunday (16)

dire : je veux dire . . . I mean . . . (11); vous voulez dire . . . you mean . . . (16); c'est-à-dire that is (to say) (19)

disparu ! gone ! (4)

le disque record (1)

dix ten (3)

dix-huit eighteen (18)
dix-neuf nineteen (18); dix-neuf cent cinquante nineteen fifty (20)
dix-sept seventeen (18)
le docteur doctor (11)
dommage : quel dommage! what a shame! (3)
donner to give (12)
la douche shower (2)
doux, douce sweet, mild (20)
douze twelve (16)
droit right (11); à droite to the right/right (4); à votre droite/gauche on your right/left (18)
drôle peculiar, funny (18)
du of the (3); some/any (of) (8)

E

l'eau f water (8); un verre d'eau a glass of water (10)
échanger to exchange (5)
l'école f school (4)
écouter to listen (5); écoutez! listen! (1)
effet : en effet indeed/that's right (9)
l'église f church (4)
elle she/it (2, 7); her (19)
elles they (7)
l'employée f (female) clerk/assistant (6)
emprunter to borrow (9)
en (see page 32) (14)
en : en avance early (13); en ce moment at the moment (7); en effet indeed/that's right (9); en P.C.V. reverse charge (18); en vacances on holiday (1); je vais en Suisse I'm going to Switzerland (20); mis en bouteille(s) bottled (lit.: put into bottle(s)) (20); une pellicule en couleur/en noir et blanc a colour black and white film (5); un plat en or/argent a gold/silver dish (3); une robe en soie/nylon a silk/nylon dress (5); en retard late (13)
enchanté delighted (13); enchanté! glad to meet you! (13)
encore again (19); encore une fois once again (15)
enfin! at last! (12)
enlever to take out (5)
l'enquête f inquiry/investigation (18)
ensemble together (7)
ensuite then/later/afterwards (4)
l'entrée f entrance (4)
entrer to go/come in (4)
l'enveloppe f envelope (12)

envelopper to wrap up (11)
l'erreur f mistake (13)
essayer to try (on) (5)
l'essence f petrol (8); vous êtes en panne d'essence you are out of petrol (8)
est see être
est-ce que : est-ce que vous voulez . . . . ? would you like . . . ? (13)
espérer to hope (11)
et and (1)
être to be (13); est is (1); ce (ne) sont (pas) they are (not) (6); vous êtes you are (2); nous sommes le vingt-deux juillet today's the 22nd of July (20)
évidemment obviously (8)
exact exact, precise, right (12); c'est l'heure exacte that's the precise time (12)
exactement exactly (13)
exagérer to exaggerate (11); vous exagérez! surely not!/come off it! . . . (11)
excellent excellent (9)
l'excursion f excursion, tour (18); une excursion accompagnée a conducted tour/excursion (18)
excuser to excuse (15)
excusez-moi! please excuse me! (12)
exemple : ça, par exemple! well, I never!/well, would you believe it? (18)
expliquer to explain (19)
extérieur : à l'extérieur outside (19)

F

fabriquer to make/manufacture (9)
facile easy (8)
faire to do/make (14); faire la cuisine to cook (15); faites le plein fill her up (8); qu'est-ce que je fais? what shall I do? (14); ça fait combien? how much does it come to? (17); ça fait six francs it comes to six francs (17)
fais, fait, faites see faire
la fatigue fatigue/tiredness (11)
fatigué tired (11)
faut : comme il faut just right/properly (17); respectable/correct (18)
le fauteuil armchair (16); un fauteuil Louis XV/XVI an armchair in the Louis XV/XVI style (16)
la femme woman (10); wife (15); la femme de chambre chambermaid (12)

la fenêtre window (2)
  fermé closed (12)
  fermer to close/shut (9)
  feu : avoir du feu to have a light (14)
la fiche (hotel registration) form (2)
le filet fillet (14)
la fille daughter (2)
le film film (for cine-camera) (5); un film
    en couleur colour film (5); un film
    en noir et blanc black and white film
    (5)
  finir to finish (16)
le flacon (small) bottle (11)
la fleur flower (16)
  fois : encore une fois once again (15);
    une/deux/trois fois par jour once/
    twice/three times a day (11)
  foncé dark (of colour) (13)
  formidable terrific (20)
le foulard head-scarf/square (5)
la fourchette fork (7)
  fragile fragile, breakable, delicate (17)
le franc franc (6); ça fait six francs it
    comes to six francs (17); c'est deux
    francs that's two francs (7)
la France France (6)
le frein brake (8)
le frère brother (8)
  frit fried (14)
  froid cold. (12)
le fromage cheese (10); un sandwich au
    fromage a cheese sandwich (10)
le fruit fruit (17)

G

le gant glove (14)
la gare station (19)
le garage garage (8)
le garagiste garage owner/attendant (8)
le garçon waiter (3)
  garder to keep (2)
le gâteau cake/gâteau (15)
  gauche left (11); à gauche to the left/
    left (4); à votre droite/gauche on
    your right/left (18)
  Genève Geneva (19)
la glace ice-cream (3); mirror (5); ice
    (15)
la gorge throat (11); j'ai mal à la gorge
    I have a sore throat (11)
le goût taste (17)
  goûter to taste (17)
le gramme gramme (17)
  grand big/large/great (9)
la Grande-Bretagne Great Britain (6)
la grand-mère grandmother (15)
le grand-père grandfather (15)

  gras, grasse greasy (13)
  grave serious (11)
le guichet position at counter (6)
le guide guide (person) (4); guide-book
    (1); le guide, c'est moi! I'm the one
    who's the guide! (16); suivez le
    guide! follow the guide! (16)
  guidée : une visite guidée a guided
    tour (18)

H

les habitants m pl inhabitants/people (10)
  habiter à to live in (10); habiter Paris/
    Marseille/ . . . to live in Paris/
    Marseilles/ . . . (20)
  l'habitude f habit (20); d'habitude
    usually (7)
le hareng herring (14)
le haricot bean (14); le haricot vert
    (french) bean (lit.: green bean) (14)
  l'heure f hour (10); à tout à l'heure! see
    you later! (19); c'est l'heure exacte
    that's the precise time (12); deux/
    trois heures moins le quart a quarter
    to two/three (13); deux/trois heures
    et quart a quarter past two/three
    (13); huit heures moins cinq five to
    eight (14); huit heures cinq five past
    eight (14); il est une/deux/ . . .
    heure(s) it's one/two/ . . . o'clock
    (10); l'heure d'ouverture time of
    opening (12); quelle heure est-il?
    what's the time? (12); une demi-
    heure half an hour (14); une/deux
    heure(s) et demie half-past one/
    two (12)
  heureusement luckily, fortunately (15)
  hier yesterday (7)
le homard lobster (14)
  l'homme m man (10)
  l'horaire m time-table (19)
le hors d'œuvre hors d'œuvre (14);
    comme hors d'œuvre/légumes as
    an hors d'œuvre/as vegetables (14)
  l'hôtel m hotel (4)
  l'huile f oil (8)
  huit eight (3)
  l'huître f oyster (14)

I

  ici here (2); ici, le vingt à Montmirail
    (on 'phone) this is Montmirail
    twenty (18); par ici this way (4)
  l'idée f idea (9)
  identique identical (20)
  il he (7); it (1); il est une/deux/ . . .
    heure(s) it's one/two/ . . . o'clock
    (10)

il y a there is/are (6); il y a de la place there is room, there are seats (19); il y a quelqu'un? anybody in? (8); (il n'y a) rien d'autre (there is) nothing else (19)
ils they (7)
imbécile foolish, stupid (15); imbécile! fool!/you fool! (15)
l'imperméable m raincoat (13)
impossible impossible (8)
indispensable : c'est indispensable! you can't do without it! (lit.: it's indispensable) (17)
les informations f pl news (on radio, TV or newspaper) (12)
inquiétez : ne vous inquiétez pas! don't worry! (15)
instant : un instant, s'il vous plaît one moment, please (13)
insupportable unbearable, awful (15)
intéressant interesting (9)
intéresser to interest (7)

J

j' see je
la jambe leg (11)
le jambon ham (8)
je I (1)
jeudi m Thursday (16)
le jour day (see page 57) (10); c'est quel jour, aujourd'hui? what day is it today? (16); tous les jours every day (18)
le journal newspaper (1)
le journaliste journalist (13)
la journée day (see page 57) (17); quelle journée! what a day! (17)
juillet m July (20)

K

le kilo kilo (17)

L

l' the (4); him/her/it (5)
la the (2); her/it (5)
là here/there (1); par là that way (4); elle est là she's in (7)
là-bas down/over there (13)
laisser to leave (3); laissez! don't bother! (17)
le lait milk (12)
le the (1); him/it (5)
le légume vegetable (14); comme hors d'œuvre/légumes as an hors d'œuvre/as vegetables (14)
le lendemain next day, day after (20)
les the, them (6)

la lettre letter (6)
la liste list (6)
le lit bed (1)
la livre pound, half kilo (17)
le livre book (1)
loin far (4); loin de far from (7)
Londres London (19)
long, longue long (13)
longtemps for a long time (19)
louée : une voiture louée a hired car (8)
lui him (19)
lundi m Monday (16); le lundi/le mardi/ ... on Mondays/Tuesdays/ ... (16); aujourd'hui, nous sommes lundi today's Monday (19)
lunettes : une paire de lunettes (de soleil) a pair of (sun) glasses (5)

M

ma my (12)
madame madam/Mrs. (1)
mademoiselle madam/miss (1)
le magasin shop (12)
magnifique splendid (7)
le maillot bathing-costume (1)
la main hand (20); je vous serre la main I shake your hand/I'll shake hands with you (17)
maintenant now (4)
le maire mayor (9)
mais but (2); mais oui! yes, of course! (2); mais non! of course not! (2); ah, mais ... ! yes, but ... ! (3)
mal badly (11); j'ai mal I have a pain (11); see also avoir
malade ill (11)
malheureusement unfortunately (17)
la maman mummy (15); pauvre maman poor mummy (15)
la manche sleeve (13)
manger to eat (2); pour manger to eat (off) (9)
le marchand (male) shop/stallkeeper (17)
la marchande (female) shop/stallkeeper (17)
marche see marcher
marché : bon marché cheap (17)
marcher to work/go (of something mechanical) (12); ça marche it's working/going (8)
mardi m Tuesday (16); le lundi/le mardi ... on Mondays/Tuesdays/ ... (16)
le mari husband (15)
la marquise marchioness (7)
marrant (coll.) funny, a scream (13)

le **matin** morning (19)
les **Mauget** the Maugets, the Mauget family (15)
  mèche : **une mèche sur l'œil** a lock of hair over the eye (13)
le **médicament** medicine (11)
  même even (20)
le **menu** menu (14)
  merci thank you (1)
  mercredi m Wednesday (16)
la **mère** mother (2)
  mes my (14)
  messieurs see **monsieur**
  midi midday (12); **il est midi** it's twelve o'clock (midday) (9)
le **mien, la mienne** mine (13)
  mieux better (11)
  mille thousand (20); **deux mille** two thousand (20)
  mince! ... ! a mild expression of annoyance (13)
  minuit m midnight (19)
la **minute** minute (2); **une petite minute!** one moment, please! (19)
le **miracle** miracle (4)
  mis : **mis en bouteille(s)** bottled (lit.: put into bottle(s) (20)
la **mise en plis** set (referring to hair) (13)
  moi me (10)
le **mois** month (2)
  moment : **en ce moment** at the moment (7)
  mon my (12); **mon Dieu!** good Lord! (12)
  monde : **tout le monde** everybody (10)
  monsieur, pl messieurs sir/Mr. (1); gentleman (7); **Monsieur l'agent/ le curé** (see page 27, Book 1); **avec Monsieur** with the gentleman (17); **Messieurs-Dames** ladies and gentlemen (14)
  monte see **monter**
  monter to go up (2); **l'alcool me monte à la tête** alcohol goes to my head (20)
la **montre** watch (12)
le **monument** monument (7)
le **moteur** engine (8)
la **moutarde** mustard (8)
le **mur** wall (9)
  mûr ripe (17)
le **musée** museum (4)
le **mystère** mystery (1); **et ce mystère?** what about this mystery? (13); **j'aime le mystère** I like mysteries (3)

N
  n' see **ne**
  naturellement naturally (9)
  ne/n' . . . pas not (3)
  nerveux, nerveuse highly strung (15)
  n'est-ce pas? isn't that so? (6)
  neuf nine (3)
le **nez** nose (16)
le **nom** name (18)
  non no (1); **mais non!** of course not! (2)
la **normale** regular petrol (8)
  nos our (20)
  notre our (20)
le/la **nôtre** ours (20)
  nous we; us (17)
  nouveau : **nouveau vol à Montmirail** another theft at Montmirail (15)
la **nuit** night (19)
le **numéro** number (2)
le **nylon** nylon (5); **(une robe) en nylon** a nylon (dress) (5)

O
  l'objet m object/thing (9)
  observer to watch/observe (10)
  l'œil m, pl **yeux** eye (13); **une mèche sur l'œil** a lock of hair over the eye (13)
  l'œuf m egg (14); **œuf mayonnaise** egg mayonnaise (14)
  on one/we (17); **on tient son verre** . . . one holds one's glass . . . (20)
  ont see **avoir**
  onze eleven (16)
  l'or m gold (5); **un plat en or** a gold dish (3); **tout ce qui brille n'est pas or** all that glisters is not gold (15)
  l'orange f orange (17)
  ordinaire ordinary (17)
  organiser to organize, to arrange (18)
  oser to dare (20)
  ou or (6)
  où where (1); **où est-il/elle?** where is he/she/it? (10)
  oublier to forget (12)
  oui yes (1); **mais oui!** yes, of course! (2)
  ouvert open (12)

P
le **pain** bread (8); **le petit pain** roll (12)
la **paire** pair (5); **une paire de chaussures** a pair of shoes (5); **une paire de lunettes (de soleil)** a pair of (sun) glasses (5)
la **panne** breakdown/fault (8); **vous êtes**

en panne you've broken down (8);
vous êtes en panne d'essence you
are out of petrol (8)
le pantalon pair of trousers (1)
le papa daddy (2)
le papier paper (6)
par : par ici/là this/that way (4)
le parapluie umbrella (17)
parce que because (9)
pardon! I'm sorry! (2); pardon? I beg
your pardon? (20)
le parent relative/parent (6)
parfait! that's fine! (2)
parler (à) to speak (to) (1); n'en
parlons plus! let's not talk about it
any more!/let's say no more about
it! (15)
parlons see parler
par terre on the ground (11)
partout everywhere (9)
pas not (3); ne/n' . . . pas not (3)
passe see passer
passer to pass (4); to spend (time)
(17); qu'est-ce qui se passe? what's
happening? (20)
le pastis pastis, alcoholic drink flavoured
with aniseed (15)
le pâté pâté (14); le pâté maison pâté of
the house (14)
patient patient (15)
le patron boss (1)
pauvre poor (15); un pauvre journaliste
a poor journalist (14); pauvre maman
poor mummy (15)
P.C.V. : en P.C.V. reverse charge (18)
le peigne comb (1)
la pellicule film (for still camera) (5);
une pellicule en couleur colour film
(5); une pellicule en noir et blanc
black and white film (5)
penser (à) to think (of/about) (11)
perdez see perdre
perdre to lose (20); ne perdez pas la
tête! don't lose your head! (9);
perdre la tête to lose one's head (20)
permettez : vous permettez? may I?
(3); si vous permettez if you'll allow
me (9)
la personne person (6)
petit small/little (9); un petit vin blanc
a little glass of white wine (15);
une petite minute! one moment,
please! (19)
le petit déjeuner (continental) breakfast
(12); le (petit déjeuner) complet
full (continental) breakfast (12)
le petit pain roll (12)

le petit pois pea/petit pois (14)
peu little (7); un peu de . . . a little . . .
(8)
peut-être perhaps (7)
peux : je peux I can/may (2)
la pharmacie chemist's shop (6)
la pharmacienne (female) chemist (11)
la photo photo (3)
piqueniquer to picnic (17)
pis : tant pis! it can't be helped!/never
mind! (20)
le placard (built-in) cupboard (2)
la place square (of town) (4); place/seat
(6); il y a de la place there is room,
there are seats (19)
le plafond ceiling (7)
plaisanter to joke (10); vous plaisantez!
you're joking! (10)
le plaisir pleasure (16); avec plaisir
gladly (15)
plaît : s'il vous plaît please (1)
le plan plan (4)
le plat dish (3); un plat en or a gold dish
(3)
le plâtre plaster (9)
plein full (9); faites le plein fill her up
(8)
la pluie rain (20)
le pneu tyre (8)
point : à point medium (cooked, of
meat) (14)
la poire pear (17)
le poivre pepper (15)
la police police (4)
la pomme apple (17); la pomme de terre
potato (14); les pommes à l'anglaise
boiled potatoes (14)
le porc pork (17)
porter to carry (2); to wear (5)
le portrait portrait (16)
poser to put down (1); poser une
question (à quelqu'un) (sur quelque
chose) to ask (someone) a question
(about something) (18)
possible possible (8); ce n'est pas
possible! it can't be true! (13)
la poste post-office (4)
le potage soup (14);
pour for (2); (in order) to (9); (une
assiette) pour manger (a plate) to
eat (off) (9); pour nous deux for the
two of us (17); pour tous renseignements, s'adresser ici enquiries! (18);
pour un mois for a month (2); pour
une semaine for a week (2)
pourquoi? why? (9)
pourtant yet, nevertheless (17)

pousser to push (8)

pouvez : vous pouvez you can/may (2); vous ne pouvez pas vous tromper! you can't go wrong!, you can't miss it! (18)

précisément precisely (17)

préférer to prefer (5)

premier first (18)

prenez see prendre

prendre to take/have (12); qu'est-ce que vous prenez? what would you like?/what will you have? (10)

préparer to prepare (19)

près near (4); près de near (7); tout près very near (4)

présente : je vous présente ... may I introduce ... (stand.) (7); je te présente ... may I introduce ... (fam.) (15)

presque nearly/almost (13)

pressé see citron; in a hurry (19)

prêt ready (16)

prêter to lend (12)

prie : je vous en prie please do!/that's all right! (3)

prochain next (19)

le professeur teacher (3); vous êtes professeur? are you a teacher? (3)

promenade : bonne promenade! lit.: good walk/ride/drive/etc. ... (17)

propos : à propos by the way (2); à propos de ... about ... (10)

puis then (9)

le pull-over pullover (1)

le pyjama pyjamas (1)

Q

la qualité quality (20)

quand when (19)

quarante forty (6)

quart : deux/trois heures et quart a quarter past two/three (13); deux/trois heures moins le quart a quarter to two/three (13)

quatorze fourteen (16)

quatre four (2)

quatrième fourth (18)

quel(s), quelle(s) which/what (16); quel dommage! what a shame! (3); quelle heure est-il? what's the time? (12); quelle journée! what a day! (17); quelle affaire what a business! (7)

quelque chose something (14)

quelquefois sometimes (15)

quelque part somewhere (11)

quelqu'un somebody (14); il y a

quelqu'un? anybody in? (8)

qu'est-ce que what? (9); qu'est-ce que c'est? what is it? (9); qu'est-ce que c'est que ça? what's this? (19); qu'est-ce que je fais? what shall I do? (14); qu'est-ce que vous avez? what's the matter with you? (11); qu'est-ce que vous prenez? what would you like?/what will you have? (10); qu'est-ce qui se passe? what's happening? (20)

la question question (18); poser une question (à quelqu'un) (sur quelque chose) to ask (someone) a question (about something) (18)

qui? who? (16); qui est-ce? who is it/he/she? (7)

quinze fifteen (13)

quitter to leave (6)

R

rafraîchir : si vous voulez me les rafraîchir a trim, please (13)

raison : avoir raison to be right (13)

ravi delighted (18); je suis ravi de vous voir I'm delighted to see you (18)

le rayon shelf (9)

la réception reception-desk (6)

regarder to look at (1); regardez! look! (4)

la région district, region (18)

regretter to regret/to be sorry (8)

remarquable remarkable/extraordinary (7)

remplir to fill (up) (16)

rencontrer to meet (10)

le rendez-vous appointment (13); j'ai rendez-vous avec lui I am to meet him/I have an appointment with him (19)

le renseignement (piece of) information (18); pour tous renseignements, s'adresser ici enquiries! (18)

réparer to repair (8)

répéter to repeat (5); répétez! repeat! (1)

répondez! reply!/answer! (1)

la réponse answer (19)

réserver to reserve (2)

le restaurant restaurant (14)

rester to stay/remain (8)

retard : en retard late (13)

retour return (18); de retour back (where it was) (9)

le réveil alarm clock (12)

revoir : au revoir! good-bye! (1)

le rhume cold (in the head) (11)

rien nothing (12); (il n'y a) rien
d'autre (there is) nothing else (19);
ça ne fait rien it doesn't matter (13)
la robe dress (5)
romain Roman (16)
le Romain, la Romaine Roman (man/
woman) (16)
la rose rose (16)
la roue wheel (8); roue de secours spare
wheel (8)
rouge red (20); le vin rouge red wine
(10)
le rouge à lèvres lipstick (13)
la route road (18)
la rue street (11)

S
sa his/her/its (19)
le sac (travelling) bag (1)
saignant rare (of steak) (14)
sais see savoir
la salade salad (14)
salir to dirty, soil (16)
la salle large room, hall (in a public
building) (16)
la salle à manger dining-room (2)
la salle de bains bathroom (2)
le salon drawing-room/lounge (6)
samedi m Saturday (16)
le sandwich sandwich (10); un sandwich
au fromage/saucisson a cheese/
salami sandwich (10); un sandwich
au pain de mie English-type sandwich (10); un sandwich avec du
beurre sandwich with butter (10)
sans without (2); sans arrêt con-
tinuously/without stopping (9)
la santé health (10); à votre santé! your
health!/cheers! (14)
le saucisson salami (10); saucisson à l'ail
garlic sausage (17); un sandwich
au saucisson a salami sandwich (10)
savoir to know (see page 65) (17); je
ne sais pas I don't know (8)
sec, sèche dry (13)
le secret secret (10)
secret (f secrète) secret (19)
le/la secrétaire secretary (18)
seize sixteen (16)
le sel salt (15)
la semaine week (2)
sept seven (3)
serre : je vous serre la main I shake your
hand/I'll shake hands with you (17)
la serveuse waitress (3)
service : le service est compris the
service is included (3)

la serviette towel (2); briefcase (13)
ses his/her/its/their (19)
seul alone (17)
seulement only (12)
le shampooing shampoo (13)
si yes (17)
si if (2); si vous permettez if you'll
allow me (9); s'il vous plaît please
(1)
le siècle century (16)
le sien, la sienne his/hers (19)
signer to sign (2)
simple simple (13); c'est bien simple!
it's quite simple! (4)
simplement simply (17)
le sirop syrup, mixture (11)
six six (2)
la soie silk (5); (une robe) en soie a silk
(dress) (5)
le soir evening (19)
soixante sixty (8)
le soleil sun (5); une paire de lunettes
(de soleil) a pair of (sun) glasses (5)
solide strong, solid (16)
sommes see être
son his/her/its (19)
sont see être
la sortie exit (7)
le soupçon suspicion (10); vous avez des
soupçons? do you suspect anyone?
(10)
sous under (1)
le souvenir souvenir (9)
souvent often (7)
le speaker announcer (on radio or TV)
(12)
la speakerine female announcer (on radio
or TV) (15)
le steak steak (14)
le sucre sugar (12)
suffit : ça suffit! that's enough! (17)
suis see être
la Suisse Switzerland (19); je vais en
Suisse I'm going to Switzerland
(20)
suivez : suivez le guide! follow the
guide! (16)
la super super/high-grade petrol (8)
supporte : je ne supporte pas l'alcool
I can't drink a lot of alcohol/alcohol
doesn't agree with me (20)
supposer to suppose (8)
sur on (1)
surtout especially (6)
suspect suspect, under suspicion (18)
le syndicat d'initiative tourist information
centre (18)

T

ta your (fam.) (15)

la table table (3); la table de nuit bedside table (12)

le tableau painting (16)

tant : tant pis! it can't be helped!/never mind! (20)

le tapis carpet (7)

tard late (12)

le taxi taxi (1); le chauffeur de taxi taxi driver (1)

le télégramme telegram (12)

le téléphone telephone (1)

téléphoner to telephone (2)

la température temperature (11)

tenez! take this! (17)

tenir to hold (20); on tient son verre ... one holds one's glass ... (20)

terminer to finish (6)

terre : par terre on the ground (11)

terrible terrible (11)

tes your (fam.) (15)

la tête head (9); cette tête est très bien là that head looks fine over there (14); j'ai mal à la tête I have a headache (11); l'alcool me monte à la tête alcohol goes to my head (20); perdre la tête to lose one's head (20)

tiens! well, well! (3)

tient see tenir

le timbre stamp (6); un carnet de timbres a book of stamps (6); un timbre à quarante centimes a 40-centime stamp (6)

le tiroir drawer (5)

toi you (fam.) (15)

la toile canvas (5)

la tomate tomato (14)

ton your (fam.) (15)

tôt early (12)

toucher to touch (16); défense de toucher do not touch (16)

toujours always (5); il n'est toujours pas là he isn't here yet (14)

le tourisme tourism (6)

le/la touriste tourist (7)

tourner to turn (4)

tout everything, all (16); c'est tout that's all (9); tout ce qui brille n'est pas or all that glisters is not gold (15); tout droit straight on (18); tout près very near (4)

tout, tous, toute(s) all (18); ah ça ... pas tous! not all of them! (18); tous les deux both (19); tous les jours every day (18)

tout à l'heure later (19); à tout à l'heure! see you later! (19)

tout à coup suddenly (11)

tout de suite straightaway (2)

tout le monde everybody (10)

le train train (19)

la tranche slice (17)

le travail, pl les travaux work (14); j'ai un travail, aujourd'hui! I have/there is an awful lot of work today! (17)

travailler to work (1); travaillez bien! work well! (1)

traverser to cross (18)

treize thirteen (16)

trente thirty (6)

très very (5); très bien very well/that's fine (2); il/elle est très bien it looks very good (5)

le trésor treasure (4); c'est un trésor! it's quite a treasure! (4)

le triangle triangle (6)

trois three (2)

troisième third (18)

trompe see tromper

tromper : vous ne pouvez pas vous tromper! you can't go wrong!/you can't miss it! (18); je me trompe I'm wrong (19)

trop (de) too (much/many) (13,16)

trouver to find (3)

tu you (fam.) (15)

U

un a, an (1); one (2)

une a, an (2); one (2)

unique unique (16)

V

va see aller

les vacances f pl holiday(s) (19); en vacances on holiday (1)

vais see aller

la valise suitcase (2)

varié varied (14)

le vase vase (16)

la vendeuse (female) shop assistant (5)

vendre to sell (20)

vendredi m Friday (16)

venez! come! (4); venez voir ... come and see ... (7)

le vermouth vermouth (10)

le verre glass (10); un verre de vin/d'eau a glass of wine/water (10) on tient son verre ... one holds one's glass ... (20)

vert green (14)

veux : je veux I want (18); je veux dire ... I mean ... (11)

la viande meat (8)
vide empty (9)
la ville town (4)
le vin wine (3); le vin blanc white wine (10); le vin rouge red wine (10); un petit vin blanc a little glass of white wine (15); un vin d'appellation contrôlée wine of guaranteed quality (20)
vingt twenty (6); ici, le vingt à Montmirail (on 'phone) this is Montmirail 20 (18)
vingt-cinq twenty-five (14)
vingt-deux twenty-two (14); nous sommes le vingt-deux juillet today's the 22nd of July (20)
vingt et un twenty-one (14)
vingt-huit twenty-eight (14)
vingt-neuf twenty-nine (14)
vingt-quatre twenty-four (14)
vingt-sept twenty-seven (14)
vingt-six twenty-six (14)
vingt-trois twenty-three (14)
la visite visit/tour (7); une visite guidée a guided tour (18)
visiter to visit/sight-see (3)
le visiteur visitor (10)
vite quickly (10)
la vodka vodka (15)
voici here (it) is/(they) are (12)
voilà here/there (it) is; here/there (they) are (1); vous voilà! there you are! (14)
voir : je suis ravi de vous voir I'm delighted to see you (18)

la voiture car (8); une voiture louée a hired car (8)
le vol theft (3); flight (19); nouveau vol à Montmirail another theft at Montmirail (15)
volé stolen (9)
le voleur thief (3)
vont see aller
vos your (14)
votre your (12)
le/la vôtre yours (13)
voudrais : je voudrais I'd like (to have)/ I want (1)
voulez : vous voulez you'd like (to have)/you want (1); est-ce que vous voulez . . . ? would you like . . . ? (13); vous voulez dire . . . you mean . . . (16)
vous you (1, 10)
voyez : vous voyez you see (4)
voyons! let's see! (5); attention, voyons! do be careful! (16)
vrai true (16)
vraiment really (11)

W
le whisky whisky (10)

Y
y here/there (12); il y a there is/are (6); il y a quelqu'un? anybody in? (8)

Z
zéro zero (8)

© British Broadcasting Corporation 1969

First published 1969
Reprinted 1970, 1972 (twice), 1973

Published by the British Broadcasting Corporation,
35 Marylebone High Street, London, W1M 4AA
Printed in England by Flarepath Printers Ltd,
St. Albans, Herts.
ISBN : 0 563 09231 9